日本の神々と仏

信仰の起源と系譜をたどる宗教民俗学

岩井宏實［監修］

青春新書
INTELLIGENCE

はじめに

私たち日本人は、戦後の高度経済成長の時代のなかで、科学的、合理的至上主義を謳歌《おうか》し、無宗教や無神論を自認する傾向さえ生みだした。しかし、昭和五十年代に入って低成長の時代が到来すると、徐々に神や仏にたいする信仰が復活した。そして、極度の経済的困窮と社会的混迷の時代に入ると、人々は自らの力ではどうにもならないやるせなさから、心の拠り所を求めるようになり、神や仏にたいする信仰がいよいよ高まってきた。いまやまさに「心の時代」であり、「神仏復活の時代」であるといえる。

このような世相の根拠には、意識せざる意識のなかに、静かにまた脈々と神や仏にたいする信仰が伝承されていたのであった。正月の初詣、七日正月、小正月の儀礼、年越の豆撒《ま》き、桃の節供や端午《たんご》の節供、七夕や盆、村や町の祭をはじめ、一年の節目節目に神や仏にたいする儀礼を、数多くさまざまなかたちでおこなってきた。

こうしたハレの日以外に、ケの日すなわち日常的な生活空間のなかにも、村や町の路傍《ろぼう》にひっそりと佇《たたず》む道祖神《どうそじん》や地蔵尊や、高層ビルの谷間や、ハイテクで管理されるビルに祭られる稲荷社《いなりしゃ》、その他さまざまな神や仏が身近に祭られ、また護符《ごふ》や御守を身につける。

そして、神社や仏閣が日本の風景に溶け込み、日本人の生活環境をつくり出している。

それほど身近にありながら、その神や仏はいったいどういう経緯《いきさつ》でそこにいるのか、その行事は本来どんな意味を持つのか、ということに私たちは無頓着である。

たとえば、お稲荷さんにはなぜキツネがつきものなのか。お地蔵さんとは何者なのか。正月に必ず餅を食べる理由は？　仏前に焼香する意味は？

本書は、いつの間にか日本人の心の中に住み着いた、神々や仏の来歴やそれにまつわる行事を、民俗学的見地から解き明かすものである。

日本人の心の源流とも言うべき、新たな発見をすることができるだろう。

岩井宏實

日本の神々と仏——目次

第四章　日本の仏と仏教　113

構成／万有社
DTP／フジマックオフィス
本文写真／世界文化フォト

第一章　日本人の心の源流

日本人と八百万《やおよろず》の神々

●原始アニミズムから神への信仰へ

私たち日本人は普段、何か苦しいことや絶体絶命の窮地に陥ったさい、心のなかで神に救いを求める。

これほど日本人の心の中に浸透している神だが、ではそのルーツとは何なのか。

日本人の神への信仰は、その始まりにおいて極めて原始的なアニミズム、すなわち万物に霊魂や精霊が宿るとして畏怖し、それを崇め祭ったことに始まった。

日本の神は、キリスト教における「神」や、イスラム教の「アラーの神」のように唯一絶対ではない。古くから「八百万の神々」という言葉があるように、さまざまな願いに恩恵をもたらしてくれる多くの神が存在する。

太陽や月や星、それに雷や風といった神話に出てくる神もいれば、民間で信仰されるようになった神、もとは人であったり動物であったりした神もいる。自然現象から動植物まで、あらゆるものがほとんど神になっている。日本においてはどんなものでも神格化の可能性を秘めているのである。

たとえば、古代の人々の目にカミナリ（雷）は、どう映っていたのか。あの音と光り、大地をたたく大粒の雨、また直撃されたときの惨状を目の当たりにすれば、人々は畏怖するしかなかっただろう。しかし通り過ぎてみれば一転して蒼い空、大地は洗い浄められたようで、自然は生き生きと甦る。その不思議さに圧倒されて、崇め祭ろうとする気持ちが生じるのは無理のないことだ。

このカミナリ（雷）がすなわち「神鳴り」で、神の怒りの現れと信じられたのである。じっさい『古事記』や『日本書紀』には雷神がいく種類もでてくる。また雷の様相を言い分けて神格化もしている。現在でも、雷の多い地方には、雷電神社という雷神を祭った神社を見ることができる。

このような原始的アニミズムは、やがてシャーマニズム——巫女などが予言や吉凶などの託宣を行う宗教の一形態に発展していった。託宣とは、神の声を聞き、神の代理としてその意思を告げることである。三世紀半ば頃の邪馬台国《やまたいこく》の女王・卑弥呼《ひみこ》は、託宣をする巫女として国を治めていたと考えられている。

狩猟採集時代から農耕時代になるにつれ、人々の生活様式は移動から定住へと変化していく。やがて日常生活の中に信仰が根づき、その中心に神を祭る社《やしろ》が形成されていく。

この、神を「祭る」とはどういうことなのか。

祭りとは、本来、神と人々が時と場所を決めて出会い、酒食をともにしながら人は神を敬い、神は人の暮らしを保証するという、神と人との一体感を強め、それを確認する機会である。

神を怒らせたらどんな禍《わざわい》がくだされるかと、人々は恐れていた。天変地異が起こって収穫が絶望的になるかもしれない。あるいは疫病に襲われるかもしれない。

それゆえ、それぞれの神に酒食を供し、機嫌良く楽しんでもらえれば、稲の実りも豊かであろうし、願いも受け入れてくれると信じたのである。つまり祭ることで、禍福を調整したのである。

「お神酒《みき》あがらぬ神はなし」という言葉があるように、神人共、食に酒は欠かせぬものであった。

だが、祭りを行うことは修行でもある。神のいる場所は神域だ。不浄やケガレを嫌う。だから神に出会うには「清浄さ」と「礼」が絶対不可欠になる。そのためには身をつつしまねばならない。やがて、それは体系化されていった。

このようにして、古代日本人のあいだに神への信仰がその形を整えて宗教化していくのは、稲作の始まる弥生時代頃（紀元前四世紀頃〜後三世紀頃）と考えられている。自然の影響をまともに受けた当時の稲作と、神への信仰は深く結びついていたのである。

のちに庶民のあいだで信仰の対象とされる神は、その時代や世相の願望が託されて、とても現実的な発想から誕生するようになる。

次から次へと新しい神が祭られ、江戸時代には、そうした神々のうちの一つに御利益《ごりやく》があるということで「流行神《はやりがみ》」になるということもあった。古代から今日までの神の数は、本当に八百万という膨大な数になるのかもしれない。

●神域としての神社

神が人々の祭りを受ける場所は聖・俗の境界がある「聖」の側、すなわち神域だ。

日本には神社がいたるところにある。

社《やしろ》とは、神の降りてくる場所、あるいは神を祝い祭る聖なる殿舎をいう。全国に、大小あわせると八万とも十万ともいわれる社がある。こうした神社には、それぞれ素性のある神が祭られている。たとえばお稲荷《いなり》さんが祭られていれば、稲荷神社という具合だ。

しかし、昔から神社に名称が付けられていたわけではない。地域の小さな神社、たとえば村はずれにあるようなものは単に「お社」とか「森の鎮守《ちんじゅ》さま」と呼んでいた。広く名称を持つようになるのは、江戸時代頃からだといわれる。

意外に思われるかもしれないが、神社が今日見るような形に整ったのは、神道の発生の歴史から見れば遅かった。

人々は、森や山のような場所の一角を神域とし、神を祭るようになった。しかし、いつもそこに神に仕える者がいたわけではない。ほとんどの神社は人が住み込むようなものではなく、年ごとに交代するなどして村の人々が代わる代わるお守りした。あるいは祭りのあるときにだけ、神主が来たりした。

社殿やそのほかの施設が造られたのはずっとのちのことで、そのきっかけは仏教寺院にあった。仏教は六世紀、正確には五三八年に百済《くだら》から日本に伝わり、聖徳太子《しょうとくたいし》という強い味方を得て、飛鳥《あすか》時代に根づいた。国家権力に護られて盛大に花開くのが、奈良時代である。そのとき建てられた華やかな寺院に影響され、神社は社殿などを造るようになったのである。

神社の生い立ちは、時代背景を反映して実に多彩だ。古代からそこにあるという神社。

貴族や武士の後ろ盾で構えられた神社。庶民によって造られた神社。国家がパトロンとなって設立された神社、とさまざまである。祭られる神にも移り変わりがあって、霊験とその信仰も多様である。

これらの神社にはそれぞれの役割があるが、大別すると二通りの神社に分けることができる。

一つは、産土《うぶすな》型の神社だ。産土とは、人の生まれた土地をいう。「産土神《うぶすながみ》」といえば、生まれた土地の守り神のことである。

このスタイルの神社は、本来の性質からいえば、その土地以外の人々が参拝したり、個人がお参りしたりする神社ではない。地元の人々が五穀豊穣を祈ったり、豊作を感謝して祭りを行ったりする神社なのである。全国にある神社のほとんどが、この型の神社だ。

もう一つは、勧請《かんじょう》型の神社である。「勧請」とは神の分霊を請じ迎えることだ。

つまり勧請型の神社とは、ある神社の神の分霊を移して祭る、そのために建てられた神社だ。天満宮《てんまんぐう》、八幡宮《はちまん》、稲荷神社など、有名な神社の多くがこのスタイルである。

江戸時代からこうした有名な神社や寺めぐりは人々の楽しみで、それを目的に旅に出ることも多かった。「お伊勢《いせ》参り」と呼ばれる伊勢神宮への参拝は、一生に一度は行ってみたい旅でもあった。

ところで、神社には「神宮」や「大社」など様々な種類があるが、それらはどう違うのか疑問に思われたことはないだろうか。

じつは神宮といえば伊勢神宮をさし、大社といえば出雲《いずも》大社をさす。「神宮」とは神のいる宮殿をいう。つまり「伊勢神宮」は通称であって、正式には伊勢にある「神宮」なのである。

また「大社」は、神社の格を大・中・小に分けた第一位の神社という意味である。「出雲大社」も伊勢神宮同様、出雲にある「大社」ということになる。

それでは、伊勢神宮と出雲大社ではどちらの格が上なのか。

伊勢神宮は古来もっとも格式のある神社である。しかも奈良時代の律令制では、「大社」と定められている。ここに祭られているのは、皇室の祖神である天照大神《あまてらすおおみかみ》と、五穀を司る豊受大神《とようけのおおかみ》だ。だからこそ国家から天皇に準じる最高の扱いを受けてきており、神社の原点だといわれる。ちなみに戦後は政教分離で、国家の関与はない。

いっぽう、出雲大社は古来、伊勢神宮と並び称される大社だといわれる。主神は大国《おおくに》主神《ぬしのみこと》だ。縁結びの神として馴染みが深く、今でも新しい結婚式場などが造られると、出雲から大国主神の分霊を勧請して祭る。

双方ともに日本神話に登場する神々を祭っているが、伊勢神宮は神々の頂点に立つ天照大神を祭っているから、軍配はこちらに上がる。

●神域を守るもの

神社といえば訪れて真っ先に目に入るものが「鳥居《とりい》」である。木や石のもの、朱に塗られたものなどがあるが、大別すれば一番上に乗った笠木の丸い神明《しんめい》鳥居と、そうでない島木鳥居に分けられる。

鳥居は「神域」と「俗な場所」を隔てる境界のようなものだ。神域への門とも考えられるだろう。ところが、神社を描いた古図を調べると、社《やしろ》ができる以前から鳥居がある。

こうした鳥居は、神が降りてくる依代《よりしろ》であり、また祭場を示すものでもあるのだ。人々は、そこに神が降りてくると信じたのだろう。

鳥居の謎はその名前にもある。なぜ鳥居というのか。

諸説あるが、鳥は古来、霊魂を持ち運びする聖なるものであるという信仰と深い関係があると考えられてきた。インドやチベットの山岳地帯にある「鳥葬《ちょうそう》」は亡骸《なきがら》を鳥に捧げ、その魂を天空の他界に返す葬儀である。また東南アジアの一部では、村の入り口に鳥のとまり木を作る風習もあった。鳥を止まらせて、その呪力で魔を祓《はら》おうとしたのである。

まさに鳥居とは、鳥の居るところなのだ。日本でも同じように、神の降りる神域に依代として設けられたのである。

この鳥居と同じように、信仰的意味を持つ物に「注連縄《しめなわ》」がある。

注連縄は占有状態を表すものだという説がある。

「しめ」という言葉が『万葉集』などで「占め」、つまり占有の意味で使われていることから、注連縄は占有状態を表すものだという説がある。

もちろん、その縄で囲まれた区域は、神が占有する「神域」ということだ。この「聖・俗」の境界という見方に加えて、「浄・不浄」の意味を重ねる説もある。

だが、いずれにしても注連縄を神事の場や神棚などに張るのは、「ここは神域」という印であり、邪神や不浄なものの侵入を封ずるためであるのは間違いない。

この「神域」としての境界が、神社においては重要である。神社が伝統的に移動を嫌うのはそのためだ。

今でも、林立するビルの谷間や、こんなところにと思う場所に、鳥居とともに小さな祠《ほこら》を見かけることがある。それは移したくとも移せなかったからだ。そこは昔から祭りの場とされた神域で、人々が神が降りるところ、宿る場所であると感じ取ったところなのだ。

「狛犬《こまいぬ》」もまた、神社では馴染みの顔だろう。社頭や社殿の前に置かれている、一対の獅子《し》に似た獣の像のことだ。稲荷《いなり》社では狛犬の代わりに、二匹のキツネがいる。

これは神の使いで、魔除けのために置かれているといわれる。

その口は、いっぽうが大きく開けた「阿《あ》」、もういっぽうが閉じた「吽《うん》」の形である。気持ちがぴったり合うという「阿吽の呼吸」のそれだ。「阿」は、口を開いて字音を発する音声で字音の初め、「吽」は字音の終わりを表している。古代インドからきた言葉で、万物の初めと終わりを象徴する言葉だ。密教では「阿」を万物の根源、「吽」を一切が帰着する知徳としている。

その「狛犬」は今もっともらしく神社に居座っているが、もともとは神社にはいなかったものである。

古くから中国には、墓を守る獣の形をした像があった。三世紀以降になると、宮廷の門や墓を守るのに一対の霊獣像が使われだした。そこにインドからライオンという獣のイメージが流れ込み、霊獣は獅子の形をとるようになった。

その獅子のイメージの霊獣が仏教とともに日本に伝わったのである。こうして獅子型霊獣が、狛犬として日本に定着したのは、飛鳥時代以降の奈良時代に入ってからである。

立派な仏教寺院の門に目をやれば、立派な一対の仁王像が立っているのを目にすることがあるだろう。その口は「阿・吽」。

「狛犬」の名は、「高麗《こうらい》」からきた「こま犬」という説もある。平安時代には宮中の門扉や几帳《きちょう》、屏風《びょうぶ》などが揺れ動かないよう、押さえのためにも使用されていた。

●氏神《うじがみ》と氏子《うじこ》入り

次に、祖霊《それい》信仰についてふれておこう。

祖霊信仰というのは、先祖の霊を神として信仰することだ。

しかし祖霊の実体は、じつは「山の神」だという説がある。

その昔、採集狩猟時代には私たちの祖先は山野を駆けめぐり、自然崇拝を行なっていた。

やがて一箇所に定住するようになると、地域共同体が生まれた。いわば地元である。

共同体の人々は春に稲の成長を願って、秋には豊かな実りを感謝して、それぞれ神を祭り、こう考えたのだ。

春になると山から「山の神」が降りてきて「田の神」となり、稲の成長を見守ってくれる。秋に収穫が終われば、山に帰って「山の神」にもどる、と。

では祖霊の実体がなぜ、この「山の神」なのか。

死のケガレを忌み嫌っていた当時の人々は、自分たちが死んだらどこに行くのかを真剣に考えたことだろう。その結果、死後は山の中に行くと信じられた。だから祖先は山の中にいて、その霊が自分たちを見守っているると考えたのである。ここから、「山の神」＝「祖霊」とつながったようだ。

やがて小さな共同体は統合・整備されていき、国づくりがはじまるのだが、そのころから「氏神」が祭られるようになったようだ。氏とは、血縁関係のある家族群で構成された集団のことである。

古代、「氏神」は氏一族の祖先神を意味していたという。氏一族の祖先の霊を神として祭ったわけである。これも祖霊信仰だ。

だが平安時代が終わって、武士集団が政権を握って以降、さまざまな社会変動のなかで、氏族集団は瓦解していき、本来の「氏神」信仰は薄らいでしまう。

他方、荘園《しょうえん》（貴族・寺社の私的領地）の領主たちは自分の領地を護るため、寺院鎮守《ちんじゅ》にならって「鎮守の神」をさかんに勧請《かんじょう》した。つまり土地や寺院などを鎮護するといわれる神の分霊をよそからもってきて、新しく神社を創建し、祭ったわけである。

また、以前から地域に祭られていた「氏神」も「鎮守の神」と呼ばれるようになって、「氏神」の影はますます薄くなる。

ところが江戸時代、将軍家が出身地の神を信仰したため、今度は「産土神《うぶすながみ》」信仰が盛んになる。

こうしたなか、由来は「鎮守の神」あるいは「産土神」といろいろだったりする神が、こぞって「氏神」と呼ばれるようになったと考えられている。そのため、本来なら氏神の恵みを受ける氏子も単に地域の守り神を敬う、共同体の一員をさすようになったのである。

この氏神―氏子の関係は、今につながっている。たとえば、子どもが生まれると「お宮参り」をするが、これは共同体への加入の儀式みたいなものなのだ。いわゆる「氏子入り」だ。氏神さまに認めてもらい、同時に平穏無事を祈願するのである。

お宮参りだけではない。お正月や七五三などでも神社にお参りにいく。また町内のお祭りに参加した経験は誰にでもあるはずだ。

これほど日本人と「神社＝神さま」は切っても切れない関係にある。

このように人々の日常生活には、神への信仰が組み込まれている。なぜ、そうなったのかといえば、考えられる原因はまず神道の源流といわれる自然崇拝があげられる。

つまり日本の神は、自然現象に対する「畏怖」や「脅威」から生まれている。それはきわめて自然発生的だ。押しつけられたものでもなく、作られた宗教でもない。その証拠に教典や教義といったバイブルがない。しいて挙げれば、神の素性がのっている『古事記』や『日本書紀』だろう。

また、神への信仰を言葉で説明しようとする人たちが、ほとんどいなかったこともある。いたとしても、ごく限られた人たちだった。むしろ「言挙《ことあ》げせず」、すなわち言葉で説くべきではないというのが伝統的スタイルだった。

こうしたことから神への信仰は宗教と意識されずに、自然と日本人の心に染み込み、今日にいたったと考えられる。

海の向こうからやってきた仏

●仏教の起源

日本人にとってなじみ深い仏教は、紀元前五世紀頃のインドにはじまる。

古代インドの釈迦《しゃか》族の王子、ゴータマ・シッダールタは、妻子も国も捨てて二十九歳で出家し、修行生活に身を投じた。

やがてかれは三十五歳で悟りを得て「仏」あるいは「仏陀《ぶっだ》」と呼ばれるようになる。その仏陀が、人生に苦悩する人々を救済しようと、自らの教えを五人の修行僧に説きはじめたことから、仏教は起こる。悟りを得れば、苦悩や迷妄、不安といった煩悩《ぼんのう》から解脱《げだつ》できると、かれは説いたのである。

「悟りを得る」とは、すなわち「真理を体得」することで、その真理は宇宙を貫く普遍的な法則で「縁起」と呼ばれるものだ。この法則は仏陀がこの世にいようがいまいが真理として変わらないもので、たまたまかれによって初めて体得されたものだという。

だからといって、かれが神や霊的なものの啓示をうけたということではない。自らの力で、その真理を体得している。

仏教を信じ、受け入れるということは、仏陀と同じように「真理の体得」を目ざす生き方をするということなのである。

かれの布教活動は四十年にわたり、そして八十年の生涯を閉じる。入滅した仏陀は「釈《しゃく》尊《そん》」と呼ばれるようになるのだが、釈尊は釈迦牟尼世尊《しゃかむにせそん》の略で、釈迦族出身の聖者という意味だ。

仏陀の入滅後、仏教教団は見解の相違から分裂を幾度も繰り返す。やがて紀元前後ころから、小乗《しょうじょう》仏教と大乗《だいじょう》仏教に分かれていく。

小乗仏教では、修行しても釈尊以外は「仏（仏陀）」にはなれないとされた。釈尊に対する畏敬の気持ちが強すぎて、いわばその一線を越えられなかったのだ。そのため、修行してもたどり着けるのは、悟りの最高段階である阿羅漢《あらかん》どまりだった。その修行も、俗世間を超越して、自分の修行と、実践を伴わない純粋な思考にだけ専念することが求められた。つまり仏陀のように煩悩に苦しむ人々のなかに入っていって、救済しようとはしなかったのである。

こうした考え方を大乗仏教側は厳しく批判した。人々の救済を忘れて、自分の解脱だけを求めようとしている利己的な教団だ、と。そしてかれらの仏教を小乗仏教と呼んだのである。

大乗仏教側は、功徳《くどく》・利益を施して済度《さいど》する立場をとった。済度とは、すべての人々に教えを説いて煩悩から解放して救済し、涅槃《ねはん》に行かせようとすることであり、涅槃とは、すべての煩悩が吹き消された悟りの境地だ。その悟りにいたるため、釈尊と同じように人々と一緒に苦しみ、ともに喜ぶ菩薩《ぼさつ》の修行を実践したのである。

のちに仏陀は、永遠なる宇宙の法則そのものとしてとらえられるようになり、全知者、絶対的な救済者として信仰の対象とされ、神格化された。そのため仏陀の像（仏像）が仏教寺院に安置され、拝まれるようになったのである。

仏陀とは、悟りを得た者の呼称なのだが、もともとの意味は「真理の世界に到達し、さらにその真理の世界から人々を救済するため迷界にきた人」で、「如来《にょらい》」と呼ばれるものだ。つまり、仏（悟りを得た人）＝如来なのである。迷界とは三界――欲界・色界・無色界のことで、すべての生きとし生けるもの（衆生《しゅじょう》）が活動する全世界を指している。

この大乗仏教が、インドから中国に伝わり、百済《くだら》経由で五三八年、日本に伝わってきたのだ。

●聖徳太子《しょうとくたいし》と仏教

さて、神というのは前述したように、われわれ人間を超越した威力をもつ、隠れた存在だ。あるいは人智をもってはかることのできない能力をもち、人々に禍も福ももたらす、いわば威霊のことだ。

つまり神は人間の畏怖や脅威から生まれて、信仰の対象となったものだ。だが仏はもともとは古代インドの人で、悟りを得たあと、人々の前に絶対的な救済者として現れた、われわれと同じ人間だ。かれはのちに崇められて神格化されたのであって、決して畏怖されたり、怖れられて信仰の対象になったわけではない。ここが、神との大きな違いである。

ところが仏教が仏像とともに日本に伝わってくると、神と仏との関係があいまいになる。なぜなら、日本にはすでに神がいたからだ。

当然、仏をめぐって日本国内は割れた。それでも仏教が日本に定着できたのは、厩戸《うまやど》皇子《のおうじ》、すなわち聖徳太子という天才がいたからである。

当時の権力者たちは、仏を神と同じようなものとして理解した。そのため、仏を容認すれば古来から畏怖し崇めていた神々の怒りをかうのではないかと恐れた豪族・物部《もののべ》氏は仏教打倒を主張し、容認を主張した蘇我《そが》氏と対立、抗争する。このとき聖徳太子は蘇我氏の側につき、両者の争いがしばらく続く。やがて蘇我馬子《うまこ》が物部守屋《もりや》の討伐に成功したため、大勢は仏教容認に決まる。といってもこの頃はまだ、仏教の教義の大凡の考え方を認めていたにすぎなかった。

のちに日本最初の女帝・推古《すいこ》天皇が誕生すると、その摂政となった聖徳太子は自分の側近に渡来人をおいて仏教の師とするぐらい、教義に深い興味と理解を示した。

聖徳太子は仏教に入れ込んでしまったのだ。しかも個人的に入れ込むだけでなく、仏教を政治に取り入れたのだった。「十七条憲法」制定のさい、「篤《あつ》く三宝《さんぽう》を敬え」という条を入れている。

三宝とは、衆生《しゅじょう》が帰依《きえ》すべき「仏」、「法（仏の説いた教え）」、「僧（仏に従う教団）」の三つの宝をいう。その三宝に帰依するということは、わが身を捨てて人を救済することを意味する。

当初仏教は「現世利益」や「呪術的効験」を求めるものではなかった。政治に取り入れられて、ひたすら「国家鎮護」を願う、規範、理念といったものに使われたのである。

こうして仏教は飛鳥《あすか》時代にしっかりと根を張り、その後も政治権力と結びついて発展していく。

では、日本固有の神への信仰はどうなったのか。神は駆逐されたのか。

奈良時代になると、飛鳥に根づいた仏教は国家から全面的な援助を受けて花開く。

聖武《しょうむ》天皇のもと、奈良の都には七堂伽藍《しちどうがらん》が立ち並んだ。青や丹《に》で塗られた異国情緒たっぷりの寺院の屋根は立派な瓦で飾られ、三重、五重、七重の塔が天空を衝く――。

神はすっかりその陰に隠されてしまったのかというと、そうでもなかった。

先にも述べたように、仏は古来の神と同じようにとらえられていたのだが、それゆえ両者は争うものではなく、調和するべきものだという理屈が仏教の側から出てくる。しかもかれらは、神は仏法を守り助けるもの、あるいは神も仏法によって悟りを得ることで救われるという、主張をしだす。なにしろ政治と結びついて、今が盛りの仏教である。

それに対して、なんと「神」信仰側の大方は抵抗もせずに追随する。仏と関連づける理屈をさまざま考え出し、大仏建立をきっかけにして、東大寺の鎮守《ちんじゅ》となる宇佐《うさ》から八幡神《はちまんしん》を勧請《かんじょう》して手向山八幡宮《てむけやまはちまんぐう》を建て、以後あちこちに寺院を鎮守する神社を建て始めるのだ。同じ頃、寺なのか神社なのかわからない「神宮寺《じんぐうじ》」や「神願寺《じんがんじ》」といった寺も出現している。

神と仏が、絶妙というより奇妙なかたちで結びつけられていったのである。これを「神仏習合」あるいは「神仏混淆《こんこう》」という。

習合とは、もともと異なる二つ以上の教義や教理が結びついて融合調和することをいう。これは日本にかぎらず世界中の宗教に見られる。新しい宗教や外来の宗教が、その社会に根づき、生き長らえていくために考え出された策なのだ。

また宗教側の働きかけがなくとも、この習合は起こるという。想像力たくましい人々のあいだで、いろいろな神仏が結びつけられてしまうのだ。

この習合によって神と仏の境界はあいまいになってしまった。

平安初期になると宇佐《うさ》八幡の神を大菩薩《だいぼさつ》と呼ぶようになり、仏教の側から、こんな理屈が出てくる。

「神といっても、元をただせばみな仏。仏が日本人を救うために、神の姿で現れたのだ」

つまり神というのは、仏が本来の姿（本地《ほんじ》）で、人々の救済のために神という仮の姿で現れた（垂迹《すいじゃく》）、というのだ。これを「本地垂迹説」という。また逆に神が本地で仏がその垂迹であるという、「逆本地垂迹説」も出てくる。

こうしてあいまいだった神と仏の境界はついに見えなくなり、神と仏は合体してしまうのである。

平安時代以降になると、神社の境内に本地堂や護摩《ごま》堂が建てられ、社殿には僧形八幡神像に代表されるような僧の姿をした神像や、神本来の姿であるという仏像が祭られるようになって、僧が神前読経するまでになる。

このようにして明治維新にいたるまで、神と仏は絶妙かつ奇妙なコンビを組むのである。

●国の仏教から庶民の仏教へ

今ではお寺といえばお葬式というぐらい、両者は切っても切れない関係にある。葬式仏教といわれる所以《ゆえん》だ。

死者は菩提寺《ぼだいじ》に葬られるのが普通だが、そういう名称のお寺があると思っている人もいると聞く。

そもそも菩提とは、仏の悟りの境地をいう。仏を信じて、心の支えとすることを仏教に帰依《きえ》するというのだが、菩提寺とは、そんな一家代々が葬式や追善供養《くよう》を営む寺のことだ。別名、菩提所ともいう。

寺は死者の供養に深くかかわっている。

ところが、遠い昔は違ったのである。

仏教が日本に伝わって根づき、栄えて以後、平安時代の末期ごろまで、寺や僧が一般庶民にかかわることはなかった。その使命は、ひたすら国家鎮護だったからだ。死者の供養など眼中にはなかった。それは寺や僧ばかりでなく、一般の人々のあいだでも同じだった。

なぜなら、古来人々は清浄さを最も重視し、反対に不浄なものを忌み嫌っていた。人々にとって、不浄のなかでもとくに「死」はケガレとして避けるべきものだった。それゆえ人々のあいだに死者を弔う気持ちが起こるはずもなく、処置に困った死体を路傍に打ち捨てるのが当たりまえだった。

芥川龍之介《あくたがわりゅうのすけ》が名作『羅生門《らしょうもん》』に書いているように、京の都の表玄関・羅生門は、そんな処置に困った死体の投げ捨て場所だったのだ。

寺の僧たちにとっても「死」は忌み嫌うべきケガレだった。死者を弔うなど、とんでもない話だった。僧たちのあいだでは死者は火葬にされていたのだが、どんなに親しい仲でも、火葬の場までついていくことはなかったという。

『今昔物語』にこんな話がのっている。

あるとき、寺が病身の法師を泊めてやるのだが、ある朝、法師は息絶えていた。すると寺の僧たちは口々に「なぜこんな者を泊めたのだ。寺にケガレがついてしまうではないか」といって、住職を激しく責めた――。

このように当時の寺や僧は、死者に対して非常に冷たかったのである。

もともと寺というのは、経典や学問の研究をする場であり、生きている人のためにあるものだった。しかも日本では国家管理のもと、宗教活動を制限され、布教どころではなかった。国家に縛られ、国家に利用されていたからである。

とはいえ、かれらは身分や生活が保証されていたので、使命とされた「国家鎮護」や「病災除厄」を祈願しながら、お経を読んだり写経をしながらの生活に甘んじていた。

また、聖武《しょうむ》天皇によって創建された東大寺を中心に諸国に国分寺が建立されたのだが、それもこれも仏教によって「国家の鎮護と安泰」を図るためだった。「南都六宗《なんとりくしゅう》」という学問研究の集団が生まれるのもこのころだ。

つまり、仏教は天皇を頂点とする国家統一をすすめる手段に使われ、華麗な寺院建築からうかがえるように繁栄をきわめるのだが、一般庶民からは遠い存在だったのである。

寺が、人々にとって身近な存在になるのはずっと後のことだ。

僧がまがりなりにも死者の弔いをやりだすのは、十世紀半ば以降なのだ。その先駆けは市聖《しせい》と呼ばれる空也上人《くうやしょうにん》で、かれは念仏を唱えながら各地をめぐって放置されている死者を弔って歩いた。この頃から仏教が、一般庶民の心にも入り込むのである。

ところで、今まで寺といったり寺院といったりしてきたが、寺とは、もともとは中国で使われていた言葉で、外国からの使節を接待する役所の名称だった。三世紀の半ばごろインドから来た僧を、新しく建てた「寺」に住まわせたため、そのときから仏教の道場を寺というようになったという。「院」とは、その寺のなかにある別舎のことで、合わせて寺院と呼ぶのである。仏教が中国・百済を経て日本に伝わってきたとき、「寺」も「寺院」も入ってきたのである。

僧とは、仏教教団を意味するサンガの音訳語、「僧伽」の略であるのだが、一般的には仏教教団に属する個々の聖職者をいう。

『平家物語』の冒頭「祇園精舎《ぎおんしょうじゃ》の鐘の声、諸行無常《しょぎょうむじょう》の響《ひびき》あり」の祇園精舎とは、仏陀《ぶっだ》とその弟子のために建てられた僧坊のことで、修行する僧や尼が起居する寺院付属の家屋のことをさしている。

●御霊《ごりょう》信仰と末法《まっぽう》思想

奈良時代、仏教は国家の保護のもと、繁栄をきわめた。

だが、裏では腐敗がおこっていた。徐々に僧や尼のレベルが落ちていき、戒律が乱れはじめていた。寺院が所有地を拡大するにつれ、国家財政を圧迫するようになっていく。奈良時代末期の話だ。この状況を憂えたのが桓武《かんむ》天皇だった。

七九四年、桓武天皇は都を平安京に移し、同時に腐敗した仏教界の立て直しを図ろうとする。そこに現れたのが遣唐使《けんとうし》に参加し、帰朝した最澄《さいちょう》と空海《くうかい》だった。

やがて空海は真言宗《しんごん》を開くが、それは奥深い仏教の秘密の教えであるという「密教」を教義としていた。かれは仏教界に新風を求めていた嵯峨《さが》天皇に迎えられ、さっそく「鎮護国家」の祈禱《きとう》をするようになる。

また空海は、真言という秘密のことばを唱えながら印契《いんげい》（手指の結び方）をすることで、生身のまま成仏《じょうぶつ》できるという「即身成仏《そくしん》」も説いている。

空海の真言宗も最澄の天台宗《てんだい》も、今までの国家管理下にあった仏教教団とはちがい、いわば自立の教団として成立したが、「鎮護国家」の立場から完全に脱却することはできなかった。

貴族階級が台頭してくると、かれらは密教による祈禱を強く求め、密教は貴族たちの懐に入り込んで全盛時代を迎える。

しかし、国家管理から離れた自立の教団が相手にしたのも、知識人や貴族といった上流階級の人々であったため、仏教は一般庶民にとってはまだまだ身近な存在ではなかった。

ところで、仏教の繁栄時代、神への信仰はどうなっていたのか。

原始以来、人々は自分たちに不幸をもたらす日照りや洪水、雷による山火事といった災厄は、神の祟りだと考えた。怒って祟りを起こさないよう、神々を祭ることで機嫌をうかがい、五穀豊穣などを願った。

のちに仏教が入ってくると、神仏習合で仏との境界があいまいになった。

いっぽう奈良時代初め、『古事記』、『日本書紀』が編纂されるのだが、周知のとおり中身はいわゆる「神話」で、天皇の先祖を神と結びつけるものだった。

ここに至って、神は人間に近い存在と見なされるようになるのである。仏教が繁栄を迎えると、その影響からますます神は人間に近づいていく。

そして、仏による救済を訴える神が出てくるのである。

それは有力な貴族の夢のなかに神が出てきて、お告げという形で訴える。古来の神とちがって、とても生々しい神の出現である。

こういうことがあってから、死んだ人間の霊が、神と同等のものだとする考え方が生まれてくる。それに近い信仰が、奈良時代の半ばころから現れる御霊信仰だ。

当時、朝廷を舞台に対立・抗争が起きるたび、無実の罪で殺される者が多かった。いっぽうで疫病の流行や天変地異があった。人々は、それらの災厄が、非業の死をとげた者たちの霊が怨霊となって祟るからだと信じるようになる。そのため、かれらを祭って霊を鎮めようとした。

これが「御霊信仰」である。祟りを恐れて祭る古来の神への信仰と似てはいるが、人間を神として祭るところが決定的にちがう。

この「御霊信仰」が、現存していた人間を神として祭る信仰の、最初となった。つまり、人間が神になりはじめたのである。ただし、怨霊となって出てくると思われるほどの、死に方をすればの話だ。

このようにして祭られた神々の中には菅原《すがわらの》道真《みちざね》がいる。

さて、この御霊信仰が盛んになるのは奈良時代末期から平安時代の初めである。奈良時代末期には政治的抗争が多く、暗殺、謀反、いっぽうで疫病が世上を騒然とさせていた。桓武天皇の怨霊への恐怖が激しかったため、御霊信仰は一挙に広まったといわれる。

桓武天皇は、すでに述べたとおり仏教界の腐敗を見抜き、立て直そうとする。これまで保護・育成してきた既存の仏教教団による「国家鎮護」や「病災除厄」の効験には疑問を抱いていたことだろう。そのぶん御霊信仰に傾倒せざるをえなかったのかもしれない。

しかし、それらの御霊を神として祭っていくら拝んでも、いっこうに世の中は鎮まらなかった。

平安時代に入ると、神は仏の仮の姿だという「本地垂迹《ほんじすいじゃく》」説が出てくる。だが百鬼夜行、物の怪に生霊《いきりょう》といったことばがぴったりあてはまる暗い世の中であることに変わりはなかった。

代わって、これを鎮めてみせようと活躍したのが、真言密教だったのである。

政治的争いで臑《すね》に傷もつ貴族たちも、こぞって密教の祈禱による神秘的な力に頼りはじめた。ちなみにこの頃、陰陽師《おんみょうじ》や神官なども怨霊退散などに力を発揮している。

こうして密教教団は、上流階級の人々の御用達でもおおいに潤い、全盛時代を迎えるのだが、世俗化を免れなかった。僧兵の私闘などは、そのさいたるものといわれる。そのうえ武士団の台頭に戦乱、天変地異や疫病など、相変わらず社会不安は高まるいっぽうで、やはり世の中は鎮まらなかった。

そんな世相を反映して、人々の心のなかに末法思想が流れ込むのである。「末法の時代」は釈迦《しゃか》の教えが忘れられ、世の中は乱れに乱れるというものだ。

ただでさえ世の中は混乱をきわめていたし、夜ともなれば闇を跳梁《ちょうりょう》する怨霊や物の怪が現実という時代だ。もはやこの世に希望も救いもないと、人々が考えだしたとしても不思議はない。

こうして一般庶民のあいだにも、仏教を求める気持ちが急速に芽生えていくのである。念仏を唱えながら、阿弥陀仏《あみだぶつ》のいる浄土《じょうど》へ往生《おうじょう》することを願うようになる。浄土教の信仰だ。

この頃には、仏教教団の自立化がいっそうすすみ、一般庶民のなかに布教する僧たちも多くいた。すでに述べた空也上人《くうやしょうにん》もその一人で、念仏信仰者の集団を作って各地をめぐり、死者を弔って歩いていた。

この空也上人の言動が庶民意識の改革に一役買い、あれほど「死」や「死者」を忌み嫌って恐れていたのに、

「仏を崇め、死者を弔らわなければ地獄行き」

と信じるようになったというわけである。

第二章　暮らしの中の神々と仏

身近な神々

●八幡《はちまん》さま

日本のあちらこちらで見かけることのできる八幡さま。この八幡さまこと八幡社の数は、稲荷社《いなりしゃ》についで全国で二番目に多い。有名なところでは鎌倉にある鶴岡《つるがおか》八幡宮、京都の石清水《いわしみず》八幡宮、それに東京下町にある富岡《とみおか》八幡宮などが挙げられる。「宮」や「社」とつくことからわかるように神社であるのだが、往々にして日本の神社は寺と区別がつきにくい。それは神仏習合という神と仏が絶妙な融合・調和をして、その境界があいまいになった歴史があるからだ。日本生まれの神とインド生まれの仏をひとつにしてしまうのも、ずいぶん強引な話だが、それが当時の国家方針だった。

神社のなかで、その神仏習合をもっとも早く進めたのが大分県宇佐《うさ》市にある宇佐八幡宮である。全国にある八幡宮、八幡社、八幡神社のトップに立つ。「いざ、鎌倉」の鶴岡八幡宮のほうが知名度が高そうだが、宇佐八幡宮はさらに歴史が古いのである。

言い伝えによると、宇佐八幡宮に三歳の子どもが現れて、「自分は応神《おうじん》天皇で、名前は護国霊威身神大自在菩薩《ごこくれいいいしんじんだいじざいぼさつ》である」と神のお告げを述べたという。こうして応神天皇が宇佐八幡宮の主祭神となり、弓矢・武道の神として古来から信仰を集めている。

ところで応神天皇というのは神話、すなわち『古事記』、『日本書紀』には名があるが、誕生については伝説的な色彩が強い人物だ。

それにしても神社に祭られる神である天皇が、仏教の「菩薩」を名乗ったというのだから、当時の大事件だったであろう。

八幡宮は神社としての格が高く、また主祭神が応神天皇であることから大和朝廷は外敵に対する守護神として、伊勢《いせ》神宮と並ぶ皇室の祖神として崇敬した。

さらに時をさかのぼると、八幡神のもとは、宇佐地方で繁栄していた大神氏か宇佐氏の氏神《うじがみ》にあたると考えられている。民俗学者の柳田国男《やなぎだくにお》は、八幡神は鍛冶の技術をもつ氏族集団の氏神だったのではないか、という仮説を立てている。

古代において鍛冶の技術は特別なもので、それをもつ氏族集団は日本全国を移動していた。かれらは移り住んだ先々で一族の氏神を祭ったと考えられ、八幡が全国に広がった理由が、これで理解できる。八幡平《だいら》、近江《おうみ》八幡、郡上《ぐじょう》八幡など全国に「八幡」がつく地名が残っている理由も、同様である。日本有数の製鉄の町が福岡県北九州市、かつての八幡市にあったのも偶然ではないだろう。

ここに、宇佐八幡宮と鍛冶を結びつけるエピソードがある。ときは奈良時代、仏教が繁栄をきわめた頃である。歴史に残る国家プロジェクト東大寺の大仏鋳造にあたって、宇佐八幡宮から禰宜《ねぎ》の尼、大神朝臣杜女《あそんもりめ》が上京した。杜女は神に祈り、お告げを聞いた。その内容は、「八幡神が天神地祇《てんじんちぎ》を従えて銅の湯を水とし、わが身を草木土に交えて大仏鋳造しよう」というものだった。

つまり八幡の神が、大仏を鋳造しようといったというのである。鍛冶の技術をもつ一族の神ならではの自信だろう。天神地祇とは、天の神、地の神のことだ。

こうして全国の神社にさきがけて仏教と提携し、国家プロジェクトに貢献した宇佐八幡宮は、仏教を保護する神として七八一年、「八幡大菩薩」の称号を授けられたのだった。

八幡神は、弓矢・武道の神さまとしても信仰されている。武士集団の神としても名高い。これは源氏一族が、八幡宮を氏神として崇めたからであろう。東国に源氏勢力の拠点を固めた源義家《みなもとのよしいえ》は、宇佐八幡宮から分霊を招き迎えて祭った石清水八幡宮の社前で元服し、八幡太郎と称している。また源頼朝《よりとも》は、鎌倉に幕府を開くと、鶴岡八幡宮を創建し、源氏一門、御家人をはじめ武士の守護神として、各地に八幡神を広めている。

●お稲荷《いなり》さん

赤い鳥居《とりい》に、小さな祠《ほこら》、祠のまえには二尾のキツネ。八幡《はちまん》さま同様、お馴染みのお稲荷さんである。小さな路地から都心のオフィスビル街の片隅、それにデパートの屋上まで日本全国あちらこちらにお稲荷さんを見ることができる。それもそのはず稲荷社の数は、日本の神社のなかでいちばん多い。それだけ日本人に広く親しまれてきた神なのである。

お稲荷さんは、字のとおりもともとは稲に関する神だった。五穀をつかさどる倉稲魂《うかのみたま》を祭っている。稲荷大明神はその尊称で、全国のお稲荷さんの総本社は京都の伏見《ふしみ》稲荷神社である。

お稲荷さんは、農耕民族の日本人にぴったりの神なのである。やがて産業の中心が農業から商業へ移ってゆくと、お稲荷さんの御利益も「五穀豊穣」から「商売繁盛」へと変わってゆく。庶民の身近な神さまだけに小むずかしいことはなく、融通がきく。現世的なお願いごとをするには、頼もしい神である。

二月初めの午《うま》の日、すなわち初午の日は、稲荷大明神のお祭りの日である。伏見稲荷の神がこの日に降りてきたという言い伝えが祭日の元になっている。

この日にお稲荷さんに油揚げを供えるのは、お稲荷さんに仕えるキツネが油揚げが好きだと考えられたからである。油揚げに寿司飯をつめたものを稲荷寿司というのは、ここから来ている。

さて、お稲荷さんは、鳥居があるから神社だと考えるのが自然であるが、例外もある。それが豊川《とよかわ》稲荷の存在である。

江戸の名奉行、大岡越前《おおおかえちぜん》が信仰したことで知られる豊川稲荷は、「お寺」なのである。正式な名称は、円福山妙厳寺《みょうごんじ》。本尊は荼枳尼天《だきにてん》という仏法の守護神である。

荼枳尼天はもとは夜叉《やしゃ》または羅刹《らせつ》の一種であったが、仏に降伏させられてからは善神となり、日本では平安時代には、その本体は霊狐とみなされるようになった。これが日本に古くからあるキツネを田の神の使いとする信仰と結びつき、稲荷、荼枳尼天、キツネが習合したと考えられる。おおらかに神仏を習合させていった日本人の宗教観が、ここにも表れている。

なお、豊川稲荷の本山は、愛知県にある曹洞《そうとう》宗の古い寺である。豊川稲荷にも、もちろんキツネがいる。だが、豊川稲荷はお寺なので、お堂の前では柏手は打たず、静かに合掌のみする。

●天神《てんじん》さま

――通りゃんせ、通りゃんせ、ここはどこの細道じゃ。天神さまの細道じゃ……

童謡「通りゃんせ」は天神さまへ子どもの七歳のお参りに行く様子が歌われている。しかし、この歌はよく聞くと怖い。「行きはよいよい、帰りは怖い」といって、子どもを捕まえてしまうのである。

天神さまといえば、学問の神として名高い。しかし、神なのに天神さまには怖いイメージがついてくる。

なぜなのか。

じつは天神さまは、ほかの神とは性格と生い立ちがちがう。多くの神社は自然や神話に出てくる神や天皇を祭っている。ところが、天神さまはそのどれにも当てはまらないのである。

天神さまはもとは天皇の臣下で、名を菅原道真《すがわらのみちざね》といった。平安時代の秀才で、認められて右大臣まで出世したエリートである。書にもすぐれ、弘法大師《こうぼうだいし》空海《くうかい》、小野道風《おののみちかぜ》らと日本の三筆に数えられる。天神さまの「学問や書道の神さま」という性格づけは、生前の道真の資質に由来している。

道真は恵まれた人生を送るはずだった。だが朝廷の政争に巻き込まれ、落とし穴にはまる。左大臣・藤原時平《ふじわらのときひら》の讒言《ざんげん》によって九州の大宰府《だざいふ》に左遷され、あげく失意のうちに亡くなった。かれの死は、都の人々にとって後味の悪いものだった。その後、都に疫病が流行り、落雷や火災が相次ぎ、示し合わせたように道真を陥れた政敵が次々と不慮の死を遂げると、道真の怨霊の仕業にちがいないと人々は考え、その祟りにおののいた。

当時は御霊《ごりょう》信仰が盛んだった。不遇の死を遂げた者が怨霊となって人々に祟り、疫病を流行らせ、厄難を招くと信じられていた。そのため、霊を神さまとして祭って怒りを鎮めようとしたのだった。

道真の家があった京都の桑原《くわばら》の地だけが落雷の被害に遭わなかったこともあって、かれを火雷天神とする御霊信仰が起こった。雷が鳴ると、身を守るために「桑原、桑原」と唱えるのは、このことに由来している。のちに道真の祟りを恐れた人々は、霊をなぐさめるために京都北野にあった天神社のかたわらに霊を祭る社《やしろ》を建てたのだが、これが北野天満宮（北野天神社）の始まりである。

ここで、おやっと思われるかもしれない。道真の霊を祭るまえから、天神さまがすでにあったからである。じつは、天神さまはもとはあまつかみ、すなわち天の神として祭られていたのだ。時が経つにつれて、天神社と道真を火雷天神とする御霊信仰がひとつになった。ややこしい話だが、このように長い時の溶炉のなかで、いろいろな信仰がひとつに溶け合ってゆくのは珍しいことではない。

今では学問の神さまとして高名な菅原道真も、「天神さま」として祭られた当時は、何をしでかすかわからない怨霊として怖れられていたのである。

●明神《みょうじん》さま

明神とは、日本の神の尊称で、名神《みょうじん》が転じたものといわれる。名神という言葉は、古く延喜式《えんぎしき》という九六七年に施行された律令の細則に出てくる。なお、延喜式とは堅苦しいことを言う人をあざけっていうときにも使われる。延喜式の内容は押して知るべしである。

さて名神だが、これは神社の格を表わす社格のひとつである。国家の事変のとき、祈願を行なう臨時の祭りを、名神祭《みょうじんさい》という。名神とは名神祭にあずかる神々で、大社の中から、年代が古く由緒の正しい、崇敬の顕著な神々をいう。名神として、全国に二八五座の神々がいる。名神大社、略して名神大ともいう。

●道祖神《どうそ》

道ばたで、二柱の神がなかよく並んでいる石像を見たことがあるだろうか。

道祖神は、悪霊を退散させ、道を行く人々を守る日本古来の神である。

別名を「さえの神」という。漢字で書くと、「障の神」や「塞の神」となるが、道祖神と書いて、「さへのかみ」と訓じているものもある。

さえの神は、『古事記』に登場する日本古来の神である。イザナギノミコトが、死んだ妻のイザナミノミコトを黄泉《よみ》の国に訪ねて、あまりのおぞましい姿に逃げ戻るとき、追いかけてきた黄泉醜女《よもつしこめ》を食い止めるために投げた杖から生まれたという。

そこから、「さえの神」は邪霊の侵入を防ぐ境にゆかりの神となった。そして、行路の安全を守る道祖神となっていったと考えられている。

道祖神にはよく知られている男女の像のほかに、丸石だけのもの、男性と女性の性器をかたどったもの、道祖神という名前だけを刻んだものなど形はさまざまである。石でできているという点だけが、ほぼ共通する。

形態からもわかるように、道を守るだけでなく、夫婦和合や性の神として祭られることがある。これは、古来の生殖や繁殖に対する土俗的な信仰と道祖神が結びついたためと考えられる。道祖神が石に刻まれているのは、巨岩などに神が宿るという原始的な信仰とのつながりのためかもしれない。

道祖神の祭日は、一月十四日の夜。注連縄《しめなわ》や正月飾りを集めて焼く、全国で行なわれる左義長《さぎちょう》、あるいはどんど焼きと同じ日である。

●お蚕《かいこ》さま

蚕はイモムシのような幼虫で、最初は黒いが脱皮をすると白色になる。ひたすら桑《くわ》の葉を食べ、やがて口から白い糸を吐き、マユを作る。このマユが絹糸の原料となる。

日本の養蚕《ようさん》の歴史は古い。『古事記』、『日本書紀』にすでに「蚕生《こな》り」とある。養蚕はその後も延々と営まれ、明治維新ののち農家が本格的に取り組むようになる。

このように蚕は大切に育てられてきた。湿気を嫌うため、農家では人間は暗い納屋で寝て、蚕棚を南向きのいちばんよい部屋に設けたという。また、虫の名まえに「お」をつけて「お蚕」と呼ぶあたりにも、大事にする気持ちが表れている。

日本にはいろいろな神がいるが、蚕にも神がいる。その名は「お蚕さま」。養蚕の守護神である。お蚕さまは森羅万象に神が宿るという原始的な日本人の信仰心が生んだ神といえる。

東北地方には、「おしらさま」という蚕の神にまつわる民間信仰が残っている。「おしら」とは蚕のことで、「おしらさま」は養蚕の神である。神体は桑の木で作った長さ三十センチほどの二体一組の偶像である。馬頭《ばとう》、姫、男女など姿形はさまざまで、顔は墨でかかれるか、彫られる。

このおしらさまには悲しい伝説がある。

昔、あるところに爺婆と娘が馬を一頭飼っていたが、娘は年ごろになって馬と仲よくなり、ついに馬と夫婦になる。爺は馬を山に連れだし大きな桑の木につるして殺して皮を剥ぐ。皮は娘のところに飛んで行き、娘をさらって天に去る。ある夜、爺の夢に娘があらわれ、自分のことはあきらめてほしい。そのかわり三月十六日の朝、土間の臼の中に馬の形をした虫がわいているから、馬をつるした桑の葉を食べさせよ。そうすれば虫が絹糸を出して繭をつくるから、それを売って暮らせよ。

と教えたというのである。これはいわゆる「馬娘婚姻譚」のひとつで、蚕神と馬の関係を物語るものである。柳田国男の『遠野物語』の第六十九話にもこの話は遠野に伝わる昔話として、おしらさまの蚕神としての由来が述べられている。

　このような人間以外との婚姻を異類婚といい、古い伝説にはよく見られる。助けられた鶴が、恩返しのために女性の姿で現れたり、安倍晴明の生誕伝説にあるように、キツネが女性となって子供を残す話などがこれにあたる。おしらさまの話は中国の古書にも類話があるという。

　関東地方の養蚕地には、おしら講と呼ばれる蚕の神を祭る行事がある。これは、多くは正月に行なわれるのだが、集まるのは女性だけである。また、おしらさまの祭日である一月、三月、九月の十六日に信者が集まって、おしらさまに布を重ねて遊ばせる行事があり、「おしら遊び」というのだが、これをひな祭りの起源とする説もある。

身近な仏たち

●お地蔵さん

　子どものころ『かさ地蔵』の昔ばなしに親しんだ私たち日本人にとって、お地蔵さんは身近な存在である。

しかし、あらためてお地蔵さんとは何かと問われると、はたと悩む。お地蔵さんは、神なのか仏なのか。日本生まれか、外国生まれか。これらの疑問にすらすらと答えられる人は少ないだろう。

もともとお地蔵さんは、古代インドのバラモン教の神々の一人であった。地蔵の仲間には、日蔵《にちぞう》、月蔵《げつぞう》、天蔵《てんぞう》がいた。日、月、天と、いずれも星にまつわるバラモンの信仰に根ざしている。バラモンの教えでは、大地は母性の象徴である。つまり地蔵は、母なる大地の慈愛に満ち、人々の苦しみを救うと信じられていた。

そのお地蔵さんを、仏教が取り入れたのである。釈迦《しゃか》の入滅後、世界は無仏になる。弥《み》勒菩薩《ろくぼさつ》が出生するまでのあいだ、その世界に住んで人々を救済する菩薩としたのだ。だから正しくは地蔵菩薩といい、仏に次ぐ崇拝対象である。

ということは、お地蔵さんは仏の仲間ということになる。

お地蔵さんは中国を経由して日本に伝わり、平安から鎌倉時代に地蔵信仰として人々のあいだに広まった。

地蔵信仰の教えでは、私たちは死後に冥土《めいど》で閻魔《えんま》さまに裁かれ、地獄の責め苦を受けたあと、地蔵の慈悲で救われるという。庶民にもわかりやすい教えである。

毎月二十四日は地蔵の縁日である。地蔵講ともいい、信者がお地蔵さんを祭る寺に集まる。地蔵講は今でも全国的に行なわれ、信仰は深く根づいている。

ところで、村はずれなどで六体並んで立つお地蔵さんをよく見かける。これは「六地蔵像」といい、お地蔵さんが現世と冥界の境に立って、人々を守るという信仰によるものだ。

なぜ六体なのか。

じつは六という数字に意味がある。仏教では、人は地獄道、餓鬼《がき》道、畜生《ちくしょう》道、修羅《しゅら》道、人道、天道という六つの迷いの世界に住むといわれ、これを六道《りくどう》というのだが、お地蔵さんはこの六道の人々を救済することに通じているのである。

また仏教には、親より先に死んだ子どもは三途《さんず》の川を渡れないという教えがある。このときも、お地蔵さんが子どもを救ってくれるという。ほかにもお地蔵さんは、さまざまな病気を治したり、子どもを授けたり、子どもを守ったりするといわれる。

変わったところでは、「ボボ地蔵」というのがある。

ボボは『古事記』、『日本書紀』に出てくるホト（女陰）と同じ意味である。いまも、おもに太平洋側の地域の方言ではボボは女陰を指す。同じボボが、日本海側の方言では赤ん坊という意味になる。両者は男女の交合という点で近いのかもしれない。生殖は神聖であり、子どもは天からの授かりものという感覚は根っこの部分では今も昔も同じだろう。

●観音《かんのん》さま

絶体絶命、切羽つまった状況のとき、日本生まれの神道の「神さま」でも、インド生まれの仏教の「仏さま」でも「観音さま」でも、だれでもいいから助けてほしいという心境になるが、この言葉は日本人ならではといえる。

なぜなら、たとえばキリスト教国の人間はいくら困っても、「イエスさま、仏さま、アラーの神さま」とは口にしない。

ここで疑問なのは、神さま、仏さまの次にある観音さまである。

日本には子育《こそだて》観音、慈母《じぼ》観音、救世《ぐぜ》観音など、観音さまの信仰が多くあり、観音像をよく目にする。では、観音さまとは何かと聞かれると、これがまたむずかしい。

観音さまは、観音経などのお経に出てくる菩薩《ぼさつ》であり、仏に次ぐ崇拝の対象である。正しくは観世音《かんぜおん》という。観察することの自在な者を意味するサンスクリット語のアバローキテーシュヴァラを意訳したものだ。すべてを観察し、大きな慈悲をもって自在に生きとし生けるものを救済する菩薩という意味で観自在《かんじざい》、観世自在《かんぜじざい》とも訳されたという。

観音信仰は北西インドで成立し、日本へ伝わったのは六世紀末から七世紀初め頃だというから、かなり古い。聖徳太子《しょうとくたいし》は、法隆寺夢殿《ほうりゅうじゆめどの》と、四天王寺金堂《してんのうじこんどう》に救世観音を安置したといわれる。

観音さまは救いを求める人々に合わせて姿を変えるが、その数は、なんと三十三身もある。だが、大別すると三つの系統のいずれかに属するといわれる。すなわち阿弥陀仏《あみだぶつ》の脇侍としての観音、現世利益の本尊としての観音、そして密教の観音である。

その観音さまの住まいは、中国では浙江省《せっこうしょう》にある普陀山《ふださん》、日本では那智山《なちさん》となっている。

●大黒《だいこく》さま

ワニをだまして海を渡ろうとした白ウサギは、ワニの怒りを買って皮をはがれて丸はだかにされた。痛くて泣いている白ウサギに「真水で体を洗い、蒲《がま》の穂で体を休めなさい」と教えたのが、大黒さま。これは出雲《いずも》神話にある有名な「因幡《いなば》の白ウサギ」の話である。

大黒さまこと、大国主命《おおくにぬしのみこと》は、『古事記』や『日本書紀』に登場する日本の神で、出雲大社に祭られている。これを聞いて、「そうか、大黒さまは日本の神さまか」と納得するのはまだ早い。じつは大黒さまにもいろいろな混同が生じているからである。

私たちは大黒さまというと、先の「因幡の素《しろ》ウサギ」の伝説と、狩衣《かりぎぬ》のようなゆったりとした服に、大きな袋を左肩からさげて、右手に小槌《こづち》をもち、頭巾をかぶったニコニコ顔の太った神、あるいは七福神の宝船に乗った大黒さまを思い出す。

ところが、東京国立博物館にある大黒さまとよく似た名前の大黒天の像をみると、怒りの形相を浮かべている。

じつは、大黒天はもともとインドの摩訶迦羅《まかから》という天界に住む荒々しい仏で、寺院の台所に祭られていた。わが国にその信仰がもたらされると、比叡山《ひえいざん》の守護神とあがめられ、各寺院の食舎にも祭られ、台所や食堂の仏神となった。日本生まれの大国主命とは別だったのである。諸説があるが、日本には最澄《さいちょう》が大黒天を唐から持ちかえり、比叡山延暦寺《えんりゃくじ》に祭ったとされている。

大黒天そのものは仏教の系譜にあり、恵比須《えびす》さまと同様に豊作を司るものとされていた。同じ田んぼの神だが、恵比須さまは東日本に、大黒さまは西日本に多いという。

昔から出雲大社に祭られている大国主命は、中国から伝わった大黒天といっしょになり、「大黒さま」として民間に広がったのだった。大黒が大国《だいこく》に通じたからだという説もある。

なお、大黒さま、恵比須さま、弁天《べんてん》さま、布袋《ほてい》さま、福禄寿《ふくろくじゅ》、毘沙門天《びしゃもんてん》、寿老人《じゅろうじん》の七人の神を信奉する七福神の信仰は、室町時代に生まれたものだ。この七人の神の出自は、中国、インド、仏教の守護神その他いろいろである。呉越同舟ともいうべき、いろいろな神をまとめてひとつの宝船に乗せて信仰する。ここにも日本人のゆったりとした宗教意識が出ているといえる。

●恵比須《えびす》さま

風折烏帽子《かざおりえぼし》をかぶり、大きな鯛を抱えて、釣りざおを肩にかけたご機嫌なおじいさん、それが恵比須さまだ。七福神のなかでも、とりわけ縁起がよさそうだが、日本古来の神か、外来の仏か。これもまた一筋縄ではいかない。

恵比須は、「恵比寿」とも「夷」とも「戎」とも書く。これらは、もともとは「異国の人」という意味である。大黒天や弁財天など外国生まれの神が多い七福神の一員だから、恵比須さまも外国生まれの神仏かと思える。が、そうとも言い切れない。

恵比須さまは、兵庫県西宮神社（夷神社）の祭神蛭子命《ひるこのみこと》であるという説がある。『古事記』、『日本書紀』に登場する蛭子を「えびす」と読むことを根拠としている。

また、恵比須さまは「海幸彦、山幸彦」の神話に出てくる弟、すなわち山幸彦だという説もある。山幸彦は、兄・海幸彦の大切な釣り針を鯛に取られ、釣り針を探すために竜宮へゆく。そこで出会った兄の娘である豊玉媛命《とよたまひめのみこと》と結婚。海の法力を得て、ついには兄を従えてしまう一発逆転に成功した神話界のヒーローである。

これは、天照大神《あまてらすおおみかみ》の子孫である天孫民族と隼人《はやと》族の闘争を神話に仕立てたという見方ができる。この説に則れば、恵比須さまは闘いに勝った天孫民族の神となる。

恵比須さまがどちらの出身なのか決定打はないが、いずれにしても海と漁業の神であり、商売繁盛の神として信仰されるのは共通している。

なお、恵比須さまを信じる商家では、商売繁盛を祝福して恵比須を祭り、親類、知人を招いて祝宴を開く。これを恵比須講という。旧暦十一月二十日に行なう地方が多いが、一月十日、一月二十日、十月二十日に行なうところもある。中世末に始まり、江戸時代に盛んになったといわれる。

●弁天《べんてん》さま

弁天さまというと、有名なところでは神奈川県・江ノ島神社の弁天さま、琵琶湖・竹生《ちくぶ》島の弁天さま、広島県・厳島《いつくしま》神社の弁天さまが浮かぶ。この三つを日本三大弁天という。これらの弁天さまには共通点がある。それは、水辺。三大弁天に限らず、噴水や池のそばなど水のあるところで弁天さまを見かけることが多い。

なぜ、弁天さまは水辺にいるのか。

その謎は、弁天さまの起源をたどると解ける。起源は古代インドの神話である。そこでは、弁天さまはインダス川を神格化した神とされていた。インドの大河の女神だったのである。その後、弁天さまは仏教に取り入れられ、同性のためか、同じくインドの女神だった吉祥天《きっしょうてん》と混同されてゆく。

さて、時は下って室町時代。弁天さまは七福神の宝船に乗る七人の神の紅一点となる。人に才能や財宝を授ける弁財天という仏教の系譜につらなる神として定着した。

女体のようにふっくらとした琵琶を抱く弁天さまは妙に色っぽい。神奈川県の江ノ島神社にある裸で楽器を奏でる裸弁天は、エロティックの最たるものだろう。また、「弁天さまのまえで男女が手をつなぐと、弁天さまがやきもちを焼いて、ふたりを別れさせる」というような話も広まっている。悩ましい神なのである。

一説では、弁天さまは、宇賀神《うがじん》（宇賀魂《うかのみたま》）という仏教の福の神と結婚しているという。

また、弁天さまと宇賀神の双方がヘビを祭っていることから、二柱の神を同一とみなす説もある。

●如来《にょらい》さま

如来とは、仏教の言葉で、「修行を完成させて、正しく悟りを開いた人」という意味である。仏教の世界では、悟りを開いて仏になったのは、釈迦《しゃか》ひとりとなっている。つまり、本来の意味では如来は釈迦ひとりとなる。実際、如来という言葉は、釈迦の別名としても使われる。

しかし、如来には釈迦如来のほか、阿弥陀《あみだ》如来、薬師《やくし》如来、大日《だいにち》如来などいろいろな如来がある。いったいなぜか。

これは、如来とは「かくの如く来れる人」という字のとおり、「真理の世界から人々を救うために来た人」という意味に理解されるように変わってきたためである。釈迦以外の如来は、釈迦の教えをわかりやすく人々に伝えるためにこの世界に現れたものや、釈迦が誕生する以前から存在する真理そのものとして存在するもの、人々を救うために現れたものなど、さまざまなのである。

●薬師《やくし》さま

薬師さまで親しまれているが、正しくは薬師瑠璃光如来《るりこうにょらい》という立派な名前をもつ。略して薬師如来である。

如来は、観音《かんのん》さまやお地蔵さんといった菩薩《ぼさつ》よりも地位が高い。ほかに釈迦《しゃか》如来、阿弥陀《あみだ》如来、大日《だいにち》如来などの顔ぶれが並ぶ。如来はすでに悟りを開いているので、仏と同格といえる。人々を広く救うという目的は、どの如来にも共通している。

薬師如来は、東方にあるという浄土《じょうど》、浄瑠璃《じょうるり》世界の救い主である。まだ修行中だった菩薩時代に、十二の大願を立てた。そのなかのひとつが「人々の病気の苦しみを取り除いて救う」というものだった。そのことが、薬師如来の病気を治すという御利益《ごりやく》に結びついた。とりわけ、目の病を治すことで有名である。

左に日光菩薩、右に月光菩薩という二菩薩を脇に配したものを「薬師三尊」という。仏教の世界では高い地位にある。にもかかわらず、薬師さまは人々に親しまれている。「朝観音、夕薬師」という言葉がある。朝は観音さまを拝み、夕暮れ時には薬師さまを拝みなさいという教えである。それほど広く信仰されてきた。

それは、薬師如来の「病気を治す」という現世的で身近な御利益《ごりやく》のためであろう。釈迦如来や阿弥陀如来などほかの如来像は、印を結んでいるだけだが、薬師如来だけが左手に小さな壺をもっている。これが薬師如来の特徴である。壺の中身は薬。人々を病から救うため、薬壺は手放せないのである。

●明王《みょうおう》さま

頭髪が逆立つほど激しい怒りの形相を怒髪天をつくという。

明王さまの顔は、まさに怒髪天をついている。如来や菩薩のように髪をきれいに結っていない。まとめて左側にたらしているものもあるが、ほんとうに逆立っているものもある。燃え盛る炎を背中に背負っている明王さまもいる。

明王は、如来の教えを伝えるための化身として作られたものである。密教の第一の仏、すなわち本尊は大日如来《だいにちにょらい》であるが、この大日如来の使者が明王となる。

大日如来の命を奉じ、怒りの相を現し、諸悪魔を降伏《ごうふく》する諸尊なのである。背負っている燃え盛る炎は、火焔《かえん》といい、ゆるぎない仏心を表し、この火で煩悩《ぼんのう》を焼き尽くす。

なお、お不動《ふどう》さまこと、不動明王《みょうおう》も明王のひとつである。ほかに愛染《あいぜん》明王、降三世《こうさんぜ》明王などがある。

●お不動《ふどう》さま

穏やかな気質の人を「仏さまのような人」とたとえることがあるが、お不動さまの顔は、どう見ても穏やかな面立ちとはほど遠い。目をむいて右手に剣、左手に縄をもち、下の歯で上唇を噛むという怒りの姿をしたお不動さまは、顔だけを見ていると、まるで鬼のようである。

だがお不動さまは、仏の系譜に連なっている。正しくは不動明王というが、不動尊《ふどうそん》ともいう。大日如来《だいにちにょらい》の使者として登場する。仏教の教えに従わない人々を救うために、大日如来が「怒り」の姿をして現れたのだとする説もある。大日如来とは、宇宙の真理を神格化した真言密教の教主であり、「智」と「理」を表わしている。

不動明王は仏教に取り入れられる前は、インドのヒンズー教の三神のひとつ、シヴァ神の異名だった。シヴァ神は破壊と創造の神である。怒りの形相は破壊の神の性質を引きついでいるのだろう。

不動明王という名は、釈迦《しゃか》が悟りを開いたときの、魔の手を退けたゆるぎない強い心と知恵から名づけられたという。すなわち「不動」とは、心が揺れ動かないこと。あの意思の強そうな怖い顔は、不動明王の不動明王たる所以《ゆえん》なのだ。ゆるぎない強い心と知恵で、人々を正しい仏の道に導くのが役目であり、おもに密教系の寺や修験道《しゅげんどう》で親しまれている。毎月二十八日はお不動さまの縁日で、不動明王を祭る寺には多くの人が集まる。とくに一月、五月、九月の二十八日には盛大な祭りが行なわれる。

一般にはお不動さまは交通安全、家内安全、商売繁盛などの御利益《ごりやく》があるといわれる。仏教の守護神として、お不動さまは観音《かんのん》さまとともに人気が高い。十二支それぞれに守護神が定められているが、自分の生まれ年の守護神が不動明王に当たる人には、自宅に不動明王の絵や像を飾ったり、不動明王のお守りを身につけたりするとよい。

●金毘羅《こんぴら》さま

江戸末期の俗謡に、「こんぴら舟々、追い手に帆かけてしゅらしゅしゅしゅ」という陽気な歌がある。ここで歌われているのが金毘羅さまである。歌詞に舟が出ているように、海と航海に関わる神である。

「こんぴら」とは、日本語としては不思議な響きだが、全国に「こんぴら」という名の社《やしろ》は多い。漢字は、琴平、金毘羅、金刀比羅などがある。

さて、この金毘羅さまの本家は、香川県琴平町《ことひら》にある金刀比羅宮《ことひらぐう》である。全国にある金毘羅さまは、この金刀比羅宮の分社である。金刀比羅宮は明治期までは、金毘羅大権現《だいごんげん》と呼ばれていた。典型的な神仏習合・神仏混淆《こんこう》の神社である。

祭られているのは、大物主神《おおものぬしのかみ》という。聞きなれない名前だが、これは大黒《だいこく》さまこと大国主命《おおくにぬしのみこと》の別名でもある。

また、一一五六年の保元の乱に敗れて讃岐の国（香川県）に流刑となり、この地で亡くなった崇徳《すとく》上皇も、金刀比羅宮に祭られている。上皇が金毘羅大権現を深く信仰していたからだ。

このような由緒を聞くと、金毘羅さまは日本古来の神のように聞こえる。しかし、そうではない。

金毘羅は、元はサンスクリット語の「クンビーラ」からきた言葉である。クンビーラは、インドのガンジス川に住むワニの神の名まえである。のちに、クンビーラは仏教に取り入れられ、仏法の守護神となり、中国経由で日本に伝わった。クンビーラは、日本人にはあまりに発音しにくかったのか、いつの間にか「こんぴら」となった。

ワニは水辺にいることから、竜神、海神という水に縁のある神となり、航海の神となっていった。

江戸時代から金毘羅宮参りは盛んだったが、当時の人たちは、はたして自分たちの拝んでいるものが、もとはガンジス川のワニ神だったと知っていただろうか。

●韋駄天《いだてん》

泳ぎのうまい人を「カッパの○○」と呼ぶように、足の速い人を「韋駄天の○○」という。この韋駄天とは何か。

仏教では、帝釈天《たいしゃくてん》に仕え、四方を守る神を四天王という。東方を守るのが持国天《じこくてん》、西方が広目天《こうもくてん》、北方が多聞天《たもんてん》、そして南方を守っているのが増長天《ぞうちょうてん》である。この増長天に仕える八人の将軍の一人が韋駄天である。つまり韋駄天とは、仏法を守る守護神のひとつなのである。

四天王にはそれぞれ八人の将軍がついているため、全部で三十二人の将軍がいるが、韋駄天はその頂点に位置する。子どもの病を除き、不老の生命を保つといわれる。

四天王の上にいる帝釈天は、インドの神話やヒンズー教に出てくる。つまり仏教が生まれる以前からインドにいた神なのである。

韋駄天も、もとはバラモン教の神で、破壊と創造の神であるシヴァ神の子どもとされる。ほかのバラモンの神と同じように、韋駄天も仏教に取り入れられていったのである。

韋駄天の足が速いのは、捷疾鬼《しょうしつき》という鬼が仏舎利《ぶっしゃり》（仏の遺骨）を奪って逃げたとき、これを追いかけて取り戻したことに由来する。

韋駄天の足が速いという性質は、仏教に取り入れられてからできた話なのだ。

●閻魔《えんま》さま

嘘をつくと地獄で閻魔さまに舌を抜かれると、子どものころ、親に言われた人もいるだろう。閻魔さまは、地獄の大王で、生前に悪業を重ね、死後に地獄へ落ちてきた者を裁く。その裁きによって、人は針の山や血の池、釜茹でなどの責め苦に苛まれるという。

閻魔大王は、仏教の説話に出てくる。しかし、赤い衣を身にまとい、「王」の文字の入った冠をかぶった厳めしい姿は、ほかの神仏と比べると、風変わりな印象を受ける。

じつは閻魔さまは、もともとは仏教の教えにはない人物だった。閻魔は、サンスクリット語の「ヤマ」からきている。

古代インドでは、ヤマは人類最初の死者とされていた。当時は単なる死者で、神でも仏でもなく、また人を裁く恐ろしい地獄の大王でもなかった。

閻魔さまの信仰は、インドから中国へ伝わり、仏教ではなく民衆道教の迷信と結びつき、民間信仰として根づいてゆく。死者に抱く恐れが、閻魔を人を裁く地獄の大王へと変えていったと考えられている。

日本でも閻魔さまは民間信仰として広がり、のちに仏教の教えに取り入れられていった。正月十六日と盆の七月十六日は「地獄の釜開き」という。閻魔堂のある寺院では、亡者が地獄で責め苦を受ける光景を描いた地獄変相の図の御開帳が行なわれる。

なお、経典によっては閻魔さまは地蔵菩薩《ぼさつ》の化身となっている。地獄で人を苦しめる閻魔大王と、地獄の苦しみから人を救う地蔵菩薩が同一人物だというのである。道端のお地蔵さんならば、人々の行ないは隅々まで見える。閻魔さまの前でいくら嘘をついても、「すべてお見通しだ」となる。これも考えようによっては怖い話だ。

●達磨《だるま》さん

選挙で当選が決まったとき、墨で目を入れることでお馴染みのだるま。単なる縁起ものの張子の人形と思っている人もいるかもしれない。が、そうではない。達磨さんは、れっきとした実在の人物である。

名を達磨禅師《ぜんじ》、達磨大師《だいし》という。生まれは南インドのバラモン国の王子さまだった。のちに仏教を学び、布教のために海路で中国に渡った。つまり仏のお弟子さん筋ということになる。

諡号《しごう》を達磨大師・円覚《えんかく》大師という。大師とは、中国や日本で朝廷から高徳の僧に賜る号のこと。達磨大師は人々に禅《ぜん》を教え、中国の禅宗の祖となった。壁に向かって坐禅をし、心は本来清浄であると悟る。これが、有名な「面壁九年」の伝説の由来である。また、「七転び八起き」は、失敗にもくじけず忍耐強く取り組み、最後にはものごとをやり遂げる達磨禅師の生き方から生まれたことばである。

赤く塗られた張子のだるまは、日本独自のものである。年末から年始にかけて、日本各地でだるまを売る市が立つ。

売っているときだるまは両目とも白いままである。願をかけるときに片目を黒く塗り、願が叶ったときにもういっぽうの目も塗る。

達磨忌は達磨大師の忌日である十月五日に行なわれている。

●太子《たいし》さま

太子とは、皇位を継承する皇子や王子という意味である。現在の「太子信仰」というのは、聖徳太子《しょうとく》への信仰である。

聖徳太子は、言わずと知れた実在の人物で、日本最初の女帝・推古《すいこ》天皇の即位にともない二十歳で摂政となり、天才的な政治力を発揮した。「冠位十二階」や「十七条の憲法」を定め、遣隋使《けんずいし》を派遣し、また仏教に深い理解を示し、法隆寺《ほうりゅうじ》や四天王寺《してんのうじ》など多くの寺院を建立した。仏教の興隆に大きな業績を残しているので、仏の弟子筋といえよう。

太子信仰は、聖徳太子の死後、人々のあいだではじまった。すぐれた業績だけでなく、太子にまつわる神秘的な伝説も人々をひきつけてゆく。太子には不思議な話が多いのだ。たとえば厩戸皇子《うまやどのおうじ》という名である。これはイエス・キリストが馬小屋で生まれた故事を彷彿させる。ほかに、中国天台宗の僧侶の生まれ変わりだという説、観音菩薩《かんのんぼさつ》の化身という説、死後に聖武《しょうむ》天皇に生まれ変わって東大寺や国分寺を建立したという説、最澄《さいちょう》や空海《くうかい》に生まれ変わったという説などがある。

人々の尊敬を集めていた最澄のような高僧たちも、太子信仰を支持していた。なかでも親鸞《しんらん》の熱心な太子信仰が、一般の人々に与えた影響は大きい。寺院内には太子堂という聖徳太子を祭るお堂が建てられ、太子の命日にあたる二月二十二日を「太子講の日」とし、集まった人々に太子の教えを説き聞かせる法会《ほうえ》を行なった。やがては聖徳太子は大工職人の信仰の対象となり、太子講は職人のあいだで盛んに行われるようになったのである。

なぜ聖徳太子が職人の信仰を集めたのか。一説に、職人仕事に欠かせない曲尺《かなじゃく》を太子が考案したためといわれる。また、太子が多くの寺院を建立したことを一因に挙げる説もある。

●お大師《だいし》さま

大師とは、偉大な師という意味である。仏への尊称であり、高徳の僧への敬意の表れとして「大師」という敬称をつけることもある。この大師信仰というものが全国にある。聖徳太子への信仰である太子信仰と音が似ているが、これは「お大師さま」こと弘法《こうぼう》大師空海への信仰である。

ちなみに、古来の宗教的な習俗に冬至祭りというのがある。これは村落外から訪れる神の子を迎えて祭るという行事なのだが、この神の子を「たいし」と呼ぶことが多かった。

この「たいし」信仰が先の聖徳太子や弘法大師の伝説と結びついて同一視されることがあるのは、信仰が大衆化した場合によく見られる現象だ。

弘法大師空海は平安期初めの八〇四年に唐へ渡り、帰国後、高野山に金剛峯寺《こんごうぶじ》を完成させ、真言《しんごん》宗の開祖となった。いっぽうで学問、芸術、教育、社会事業と幅広い活動を続けた。同じ時期に唐へ留学し、比叡山延暦寺《ひえいざんえんりゃくじ》の基礎をつくり、天台《てんだい》宗の開祖となった最澄《さいちょう》と並び称されることがあるが、このふたりの性質はかなり異なる。最澄が早くから認められたエリート僧だったのに対して、空海は伝説に満ちた超人的な僧だといえる。

たとえば、空海は加持祈禱《かじきとう》によって雨を降らせたり、病気を治したりしたといわれる。大日如来《だいにちにょらい》の教えを理解する修行をすれば、現在の身のまま仏になれるという「即身成仏《そくしんじょうぶつ》」も説いた。そして、空海自身も晩年に五穀を断って、生きながら仏になったと伝えられている。

弘法大師ゆかりの寺院を巡る四国八十八カ所の遍路《へんろ》は、弘法大師の死後に弟子のあいだではじまり、現在では一般の人のあいだにまで広がり、盛んに行なわれている。神奈川県の川崎大師など、〇〇大師と通称される寺院は、本尊の不動明王《ふどうみょうおう》よりも、弘法大師に対する信仰が中心になっている寺が多い。

●権現《ごんげん》さま

時代劇を見ていると、会話のなかにときどき「権現さま」という言葉が出てくる。何の説明もない。まるで日本人なら知っていて当然という感じである。事典には、権現とは仏や菩薩《ぼさつ》が人々を救うためにいろいろな姿に身を代えて現れること、またその姿をさすと出ている。

つまり、仏や菩薩の仮の姿ということになる。

仏教を日本の神さまより上におく本地垂迹《ほんじすいじゃく》説によると、日本の神は、仏や菩薩の仮の姿だということになっている。つまり権現とは、神社に与えられる仏教の教えに基づいたお墨付きのような意味をもつ。たとえば、熊野《くまの》神社は熊野三所権現、日枝《ひえ》大社は山王《さんのう》権現、金刀比羅宮《ことひらぐう》は金毘羅《こんぴら》大権現となる。熊野権現の本地は阿弥陀《あみだ》仏である。神社の本尊が阿弥陀仏という仏教と神道の混淆《こんこう》の例である。

さて、時代劇に出てくる「権現さま」とは、江戸幕府を開いた徳川家康《とくがわいえやす》の尊称である。

家康は一六一六年に亡くなったあと、久能《くの》山に埋葬されたが、翌年に日光に葬られた。このとき、後水尾《ごみずのお》天皇から「東照《とうしょう》大権現」という称号を贈られた。「権現さま」は、ここから来ているのである。東照宮ははじめ東照社と称したが、一六四五年に宮号を授けられていまの名になった。

なお、家康の称号に「権現」という神仏習合の神号をと主張したのも、東照社を東照宮へ格上げに力を尽くしたのも、家康の側近の僧、天海《てんかい》だったといわれている。もしこのとき、もう一人の側近の僧、崇伝《すうでん》の主張する、神社に由来する「明神《みょうじん》」が採用されていたら、家康は「明神さま」と呼ばれていたかもしれない。

第三章　日本の神々と神道

神に仕える人々

●神職の呼び名

祭りには神輿《みこし》がでて、山車《だし》がでて、宵《よい》になれば居並ぶ露店に裸電球が風情をかもしだす。そぞろ歩く人々の顔つきもなにやら和やかで親しみがわく。社殿にお参りすれば、併設の小さな舞台でお神楽《かぐら》が演じられたりしている。

こういう神社には必ず、神に仕えている人がいる。いわば、神と寝食をともにしている人たちだ。

だが神社というのは、古くは社殿とか舞台といった施設をもっていなかった。常緑の木を神霊降臨の「依代《よりしろ》」とし、注連縄《しめなわ》や鳥居《とりい》で境界をつくって、祠《ほこら》あるいは神が降りてくる「神域」を示していただけだった。やがて神がいつもそこにいるように信じ、神社という社《やしろ》といった趣の神の住まいが造られるようになるのだが、日々のお世話は土地の人々が持ち回りでしたり、祭りなどの大きな行事があるときには地域ぐるみで力を合わせて行なっていたのである。

神社が社殿などを設けるようになるのは、日本に仏教が伝来し、華麗な寺院があちこちに建立されてからだ。つまり、仏教寺院の影響を受けて、今日見られるような社殿などの施設が造られたのだ。

絢爛《けんらん》たる寺院で僧たちは仏を拝んで暮らしていた。神社にも社殿が造られると当然、常駐で神に仕える者がでてきた。いわゆる神職である。

神職というのは、いわば神と参拝者の仲介役だ。参拝者に神はこちらにいらっしゃいますと案内し、その祈願を伝える役割を担っている。

この神職につく人たちの名称は、神社によっていろいろだったといわれる。

伊勢神宮《いせじんぐう》の神職のトップの呼称は、祭主《さいしゅ》と呼ばれる。その下に、宮司《ぐうじ》、大神主、禰宜《ねぎ》がある。宮司というのは伊勢神宮で使われはじめた名称で、そのうち他の神社でも使われるようになった。祭主は、神に仕えて祭りを司る中心的な役割を担っている。宮司以下は役職のような存在である。

この神職の名称の移り変わりが明治維新後から、いささか目まぐるしくなる。

明治時代になると、神社祭祀は国家の保護・管理のもとにおかれて全国統一の神職制度が作られた。神職につく者はすべて官吏、すなわち国家公務員である「神官」とされたのだった。そして神官の役職が決められ、宮司、禰宜、主典《しゅてん》、祠官《しかん》と分けられた。その後、神官という呼び名は廃止され、神職と呼ばれるようになるのだが、伊勢神宮だけは例外だ。

ところが伊勢神宮における神官という呼び名も、第二次大戦後に廃止される。占領軍によって神社の国家管理が否定されたからだ。以後、神社に仕える者をすべて「神職」と呼ぶようになった。

神職の種類は、神社本庁によれば、各神社のトップはすべて「宮司」で、その下が禰宜。それぞれ副職として権宮司、権禰宜をおくことができるという。

この宮司が、伊勢神宮で祭主と呼ばれていたものと同じで、神社のトップである。

●「神主」と「巫女《みこ》」

私たちにいちばん馴染みが深いのは「神主」さんだ。

では、「神主」とはなんなのか。神を祭るときに中心になって祭を行なう祭主。神社に奉仕する神職の長である。

だが伊勢神宮《いせじんぐう》以下、神職についてみてきたが、「神主」という文字は、「大神主」という役職に見られるだけで、「神主」という呼称はない。

じつは「神主」という言葉は、古くは神社を代表する神職を意味しており、今でいうところの「宮司《ぐうじ》」と同じものとしてあったという。「神主」になるには天皇の許可が必要で、それだけに大きい神社に限られていて、この制度は明治まで続いていた。近所の神社の神職の呼び名としては使えないくらい、もともとは「神主」のポジションは高かったのだ。

明治維新によって制度が変えられると、人々が近所の神社の神職に対して、ある種の敬意をこめて「神主」さんと呼ぶようになり、それが祭りの現場で受け継がれてきて、今に残っていると考えられる。

「神主」さん同様、神社に欠かせない「巫女」さんは古くは祈禱《きとう》を行ない、または神意をうかがって神託を告げる者で、「神子」とも記されていた存在だ。未婚の少女が多かったという。

だが、今日では神社の女性神職者全般をさしていう。つまり神社の事務的なことを担当する女性も、今では「巫女」というのである。

その「巫女」さんの実力は、神楽《かぐら》や、湯立ての行事で発揮される。

神楽とは、神社の祭りなどで神に奉納する音楽歌舞・芸能のことだ。巫女は、その舞台で欠かせない存在なのだ。また、湯立てというのは、神前で湯を沸かし、その熱湯に笹の葉をひたして、参詣人にふりかけることで無病息災を祈願するという行事だ。それを行なうのも巫女だ。

巫女の立場は、補助的神職と見られがちだが、神社になくてはならない存在なのである。さて、今までみてきた神職という神に仕える人たちには、どうしたらなれるのだろうか。

昔は世襲が多かったようだが、今は、神社本庁所属の神職任用資格を得れば、男女の差別なく神職につくことができる。

参拝の作法

●「二拝二拍手一拝」

神社の入口に立っている鳥居《とりい》は、一章で述べたとおり「俗界」と「神域」を分ける境界の意味をもっている。

それゆえに俗界から神域に入る参拝者は身を正し、清浄な心でもって鳥居をくぐらなければならない。そのための作法が決められている。

行きも帰りも、鳥居をくぐるときには上体を少し前に屈して、敬意を表わす必要がある。この浅い「礼」を「揖《ゆう》」といい、「揖」は「拝」につぐ「礼」である。

鳥居から社殿に続く参道を、どう歩いていくか。それにも作法がある。

社殿に鎮座する神の正面にあたる参道のまん中を歩くのは避け、両端のいずれかを静かに歩くのが礼儀だ。

さて、神社の境内には「手水舎《ちょうず》」というのがある。手と口を浄《きよ》めるところだ。石などでできた水盤に水がたたえられていて、柄杓《ひしゃく》がおかれている。

ここに、参拝する前に必ず立ち寄らなければいけない。手を洗い口を漱《すす》ぐためだが、これは禊《みそぎ》の簡略化されたものだ。禊とは、水で身についた罪やケガレなどを除くことである。

「手水舎」では、まず右手で柄杓に水を汲み、左手を浄める。ついで柄杓を左手にもちかえて右手を浄める。そのあと、右手に柄杓をもちかえ、左手の掌で水を受けて口を漱ぐ。そして、再び左手を浄める。最後に柄杓を斜めにして柄に水を流し、もとの位置にもどしておく。よりていねいな作法は、手水舎に入る前とあとに、軽く礼をすることだという。

注意すべきは、柄杓に直接、口をつけるのは作法違反になるということだ。このようにしてから、初めて社殿の前に立つのである。

祈願をするさい、賽銭《さいせん》を賽銭箱に入れるのは神への供物の代わりである。そのあと鈴を鳴らすのだが、これは、これから祈願しますという神への合図のようなものだ。

また、鈴には除魔の霊力があると信じられているので、神事には欠かせないものである。参拝の際には、鳴らすほうが好ましい。

続いて「二拝二拍手一拝」をする。出雲《いずも》、宇佐《うさ》には「四拝四拍手」もあるが、一般には二回拝んで、二回手を打ち鳴らし、最後にもう一回拝むのである。手を打つのは、和合の証しだという。

神前を立ち去る前にもう一度、拝礼をして完了となる。

●おみくじの由来

神社には「おみくじ」がある。吉凶禍福を神に占ってもらう「くじ」のことだ。

今ではめったに見かけなくなったが、「ヤマガラ」という鳥が嘴《くちばし》で「おみくじ」を運んできてくれるという神社があった。おそらく、鳥には呪力があるということから吉凶禍福のうち、なるたけ凶禍を取り払った「おみくじ」を参拝者にという神社の配慮だったのだろう。考えてみれば、ずいぶん洒落ている。

くじの由来は、神の意志を知るための「籤《せん》」にある。古代には神判というものがあって、神に判断を委ねる裁判が行なわれていた。籤は、その方法のひとつだった。紙片・竹片・こよりなどに文句あるいは符合を記しておき、その一つを抜き取らせ、吉凶、勝敗、等級などを決定していたのだ。

たとえば、公的な重要事案の決定や後継者選びなどで意見がまとまらなかったりすると、神前で籤によって決めていたのである。何を引いても、神の聖断ということで、決着がついた。

現在のおみくじは、個人の吉凶を知るためのものだが、これは鎌倉時代始めころからのものらしい。

おみくじをどこの神社で引いても、境内の枝などに折って結んでくる人がいる。じつはこの行為、神社によっては霊験《れいげん》を失わせるものなのだ。

本来おみくじを枝に結ぶのは、その神社の神が「縁結びの神」だった場合だけである。商売繁昌の神が祭られている神社のおみくじを引いて、「吉」とでたからといって、折って枝に結んできてもあまり意味はない。

また、何度もおみくじを引くのは、神の聖断、つまり「神意」を疑うことにもつながるので、これも避けたほうがよいとされている。

●依代《よりしろ》としての「御神体」

神社に参詣するということは、神にお参りすることだ。そのお参りの対象が御神体で、神社では御霊代《みたましろ》と呼んでいる。

つまり、「御神体」イコール神なのである。

だが、神の実体そのものではない。

神というのは目にみえないものである。古来人々は樹木、巨岩、山岳などの自然そのものに霊性を認め、神を祭る場としてきた。

その祭りの場で、神の存在を具象化するものが「御神体」といわれるもので、神そのものではないのである。いわば、神が宿る「依代」だ。

御神体は、このように古くは自然物であったのだが、現在は鏡、剣、玉、それに弓、矢、矛《ほこ》などである。

平安時代の中ごろから神の姿を肖像画や彫刻などで具象し、神像を御神体とすることもあったが、これは明らかに仏教の影響といえるだろう。

今でも自然そのものを御神体としている神社はある。和歌山県の熊野那智《くまのなち》大社だ。ここでは、那智の滝そのものを御神体としている。また、山そのものを御神体にしている奈良県の大神神社もある。冨士講として江戸時代に大変な人気をあつめたのも、富士山を御神体とする山岳信仰である。

参詣する神社の御神体が何であるかを確認してから祈願をするのも、神とのつきあいでは必要だろう。

暮らしの中の神々

●竈《かまど》の神、便所の神、屋敷神

人と神のつきあいは古く、人々はどこにでもその存在を認め、常に新しい神を作って使い分けてきた。それゆえ、神の数は八百万《やおよろず》なのである。

その神は、神社でなくとも身の回りでも目にすることができる。

神棚というのがある。今でも会社や個人宅に飾られているのを見ることがある。商家では恵比須《えびす》さまを祭ることが多いが、そこに祭られている神は、祭った人の気持ちが反映されるので、必ずしも商売繁昌の神だけでなく、さまざまである。

だが神棚を自宅に飾っている場合、そこに祭られている神は伊勢神宮《いせじんぐう》の御札だったり、格式の高い神社の神だったりすることが多いようだ。

この神棚以外にも、昔は神を祭るところはたくさんあった。

台所は、火を使うところなので、火伏せの神が祭られた。この神で有名なのは京都の愛宕《あたご》神社と、静岡の秋葉神社だといわれている。

また竈のそばに神棚を造って、御札を納めて祭る家も多かった。

竈の神といえば、荒神《こうじん》さまだ。「荒神」というのは、もともとは『古事記』や『日本書紀』に出てくる神で、権威に従わない「荒ぶる神」を、そう呼んでいる。この神は不浄を嫌う。火は、不浄を祓《はら》い清浄にする。そんなところから、荒神は火の神、竈の神となったようだ。

東北地方では、「かまおとこ」「ひおとこ」などといって木製の面を竈近くの柱にかけて祭った。じつはお面の「ひょっとこ」というのは「ひおとこ」のことなのである。火を吹き起こしているうちに、あのような顔つきになってしまったのだという。

また、「便所の神」もいる。別名、「厠神《かわや》」とか「雪隠神《せっちん》」ともいう。

信仰の生きている場所では、夏の暑い日でも裸でトイレに入るな、唾を吐くな、などといわれ、それを破れば「便所の神」が怒り、体中に引っ掻き傷ができると脅されたという。和歌山県の北部地方では、便所に入るときには咳をしてから、つまり神に合図をしてから入れというし、唾を吐くと盲目になるという言い伝えもある。

この「便所の神」は、『古事記』のなかで糞と尿から生まれたとされる埴山毘売《はにやまひめ》と、水波能毘売《みずはのひめ》の二神だといわれている。

神を祭るのは家の中ばかりではない。敷地の一隅にも「屋敷神」を祭ることがある。地方によっては、うじがみ、うちがみ、じぬしがみとも呼ばれる。祭る神によって稲荷《いなり》、八幡《はちまん》、熊野《くまの》、神明《しんめい》、天神《てんじん》などとも呼ばれ、たいていは祠《ほこら》を造って祭る。

今では敷地に余裕がなくなり、祭る人も少なくなったようだが、デパートなどの大きな建物の屋上などに「屋敷神」を祭っているのを見ることができる。

東北地方の旧家に住むと信じられている「座敷童子《ざしきわらし》」も、家のなかの神である。小児の形をしていて顔が赤く、髪が垂れているという。枕返しなどのいたずらもするが、粗末に扱うといなくなり、その家は衰えると信じられている。

家の中の神は、祭り方しだいで、繁栄も不幸も没落も招き寄せるものなのである。

●正月、節分、初午《はつうま》

毎年、お正月の初詣《はつもうで》はどこそこでと決めている人が多く、各地の有名神社は記録的な人出で混雑する。

正月元旦の前日、つまり大晦日《おおみそか》の夜を除夜《じょや》という。

じつは古くから、この除夜から元旦にかけては寝てはいけないといわれている。なぜなら、正子《しょうし》（夜の十二時）を過ぎたら、村の鎮守《ちんじゅ》に参詣して実り豊かな新年を祈願するのが習わしだったからだ。それが、共同体や神社の発展とともに、初詣という「行事」として根づき、今に至っているようである。

このようにお正月というのは、もともとは、年の初めにあって神の来臨を仰ぎ、その年の五穀豊穣を祈る、地域ぐるみの「祭りの場」だった。人々にとっては実り豊かな一年であるかどうかは死活問題だっただけに、神の来臨を仰ぎ祭る、初詣の祈願は欠かせなかったのだ。だが人々は今、新しい年の無病息災などを祈願するために参詣しにいく。

お正月には新しい年を迎える、つまり年神《としがみ》を迎えるために家々ですることがある。神棚に新しい護符を祭り、年神降臨の依代《よりしろ》として門松を立て、家の入口には聖と俗を分かつ注連縄《しめなわ》を張る。これすべて、神を迎えるために必要な手続きだ。新しい護符を祭るのは、新しい年の新たな加護を受けるためだ。護符とは、神社の社名や神名、祈禱《きとう》の文などが書き込まれたお守りのことで、神札ともいう。

床の間に鏡もちを飾るのは、神への供物の意味がある。

また、お屠蘇《とそ》は不老長寿の薬効があるとされる薬草を調合した、屠蘇散をひたした薬酒である。雑煮には地方によってさまざまなパターンがあるが、必ず入っているのがもちだ。鏡もちもそうだが、新年に迎える年神の魂を示すと考えることもある。それは神に供えたお下がりをもらうという気持ちからきている。

お正月の注連飾りに伊勢海老や橙《だいだい》、コンブなどを飾り立てるのは食物の豊作を祈念してのことだ。

このように、私たちが生活のなかに無意識に取り入れている「行事」は、神と切っても切れない関係にある。

節分詣《もうで》というのもそうだ。

これは、節分の日に参詣することをいうのだが、「厄払い」のためである。しかし、この行事は寺でも行なわれる。

「追儺《ついな》」という宮中の年中行事のひとつがある。これは大晦日の夜に悪鬼・疫病を祓《はら》う儀式だ。古くは中国に始まったもので、七世紀末ごろ日本に伝わってきて寺や神社、民間でも行なわれるようになった。それが近世になると、民間では節分の行事となって寺や神社でもするようになったのである。

また、「初午」は稲荷《いなり》神社に関係の深い行事だ。全国の稲荷神社の総社である伏見《ふしみ》稲荷大社の神が降りたのがこの日だったとすることから、多くの稲荷神社で行われるようになった。

この初午祭りは、昔から牛・馬を祭る日というのがあって、それが二月の最初の午の日だったので、行事として行なわれるようになったという。

なぜ、お稲荷さんでというと、もともと稲荷神社というのは、倉稲魂《うかのみたま》という農業の神を祭っているところで、牛・馬とは切っても切れない関係にあるからのようだ。

●お宮参りと七五三

生活に根ざした神事はまだある。たとえば結婚して子どもができると、たいていの場合、安産祈願のお参りをしに神社に行く。そして無事に出産となれば、一月も経った頃、自分の住む地域を鎮守《ちんじゅ》する氏神《うじがみ》（産土神《うぶすながみ》）の祭られている神社にお宮参りをすることになる。

誕生した子どもを氏神に見せて、新しい氏子として認めてもらい、同時に平穏無事な成長を祈願するためなのである。氏子とは、氏神が守っている土地に住む人々のことだ。

つまり、「氏子入り」とか「見参《げんぞ》参り」とも称されるお宮参りというのは、地域社会への加入儀式なのだ。

また、七五三というのがある。

これは、男の子は三歳と五歳、女の子は三歳と七歳とにあたる年の十一月十五日に、やはり氏神にお参りする行事だ。

七五三の本来の形は、「髪置」「袴着」「帯解」の祝いにある。

「髪置」は、男女とも三歳になったとき、それまで短かった髪を伸ばす儀式で、頭に白髪をのせて長命を祈願したという。

「袴着」は、男の子が五歳になると、初めて袴をはかせる儀式で、「帯解」は、女の子の七歳の祝いで、初めて帯を締める儀式だった。

今ある形の七五三は、江戸時代からの習わしだという。

知らず知らずに神に世話になっている、お祭り儀式はまだまだある。

三月三日の桃の節供《せっく》に五月五日の端午《たんご》の節供、それに七夕もある。

桃節供はもともと草木萌え花が咲く春は、田植えに先立つさまざまな農耕作業のはじまる大切な季節だったので、厳重な精進・物忌《ものいみ》をして、農耕を見守ってくれる神を、季節の花である桃の花に迎えて祭ったのがはじまりである。そのとき身のケガレを祓《はら》うために人形をつくった。それをお雛《ひな》さまとして飾り、女の子のいる家では幸福・成長を祈って菱餅《ひしもち》、白酒、桃の花などを供えて祭るようになった。初節供には母方の実家から内裏《だいり》雛を贈るのが習わしだ。雛人形は一週間前から飾り、節供後三日以内に片付けるのが一般的だという。

端午の節供は古来、邪気を祓うため菖蒲《しょうぶ》や蓬《よもぎ》を軒《のき》にさし、チマキや柏餅を食べていたのだが、菖蒲が尚武に通じることから、近世以降は男の子の節供とされた。この日は甲冑・武者人形などを飾って、男子の成長を祝うのである。

七夕は古代からの星祭りだ。天の川の両岸にある牽牛《けんぎゅう》星と織女《しょくじょ》星が年に一度、相まみえるという七月七日の夜に星を祭る。この夜を、神奈川県の平塚では新暦で、また仙台では旧暦で祭っている。

この星祭りは中国伝来の風習と、日本の神である「棚機津女《たなばたつめ》」の信仰が合わさったものといわれる。棚機津女は、夏と秋に織り小屋に籠って、天にいる神の衣を織る乙女で、神話では天照大神《あまてらすおおみかみ》自身、あるいはその直属の巫女《みこ》が当てられているという。奈良時代から行なわれ、江戸時代に民間に広がったようだ。庭に葉竹を立て、五色の短冊に歌や字、願いごとを書いて飾り付け、書道や裁縫の上達などを祈願する。その葉竹を、川や海に流す七夕流しも行なわれるようになった。

この日に女性が髪を洗ったり子どもに水浴びをさせたりするのは、棚機津女が天の神を迎えるため禊《みそぎ》をしたという故事に基づいている。

さらに、人生の節目節目に、たとえば厄年に除厄することも、無事に通過することを神に祈願する儀式なのである。

地鎮祭というのもある。これは、土木・建築などで基礎工事に入る前に、その土地の氏神を祭って、土地の使用と鎮守を祈願する儀式だ。

このように私たちは日常生活のなかで、自覚の有無にかかわらず、つまり仏壇に線香をあげながらいっぽうで、さまざまな「神＝神社」にかかわる儀礼を通過していることが多いのである。

不思議といえば不思議な話なのだが、それほど神に対する信仰心が自然に染み渡っているからだともいえるだろう。

●お百度参り、お礼参り、お陰参り

神社にお参りするのは、御利益《ごりやく》を期待してのことだ。安産にしろ、厄除にしろ、商売繁昌に合格祈願、それに縁結びなど、みなそうである。そのとき求めている御利益にふさわしい神を選んで祈願している。

たいてい、それらの願かけは人生の節目や年の初めなどに参詣してするようだが、その上をいく参詣の仕方もある。

「お百度参り」である。これは神社の境内の一定の距離を百回往復し、そのたびに神に願をかける。このお参りは、とくに急を要するときに行なわれることが多く、身内や恋人の病気平癒などで、願をかけたりする。

これとは反対に、相手の不幸を祈願する「丑《うし》の刻《こく》参り」というのもある。

これは、嫉妬深い女がねたましく思う人を呪い殺すために、丑の刻（午前二時ごろ）に神社に参じて、その成就を願うことだ。

この場合、作法のようなものがある。自分の頭に五徳（火鉢などにやかんをかけるときに使う、足のある台）をのせ、ろうそくを灯す。さらに手に釘と金づちをもち、胸には鏡をつるさなければならない。

そして呪う人を模したわら人形を神木や鳥居《とりい》などに打ちつけ、その急所である心臓部に釘を打ち込む。毎晩これを行い、七日めの満願の日がくれば、相手を呪い殺せるというものだ。

また、殺さずに懲らしめるだけなら、人体に相応する一部分、たとえば相手を頭の病気にして苦悶させるためには、人形の頭に釘を打ち込むのである。

能の一つに『鉄輪《かなわ》』というのがある。

夫に捨てられた女が丑の刻に貴船《きぶね》神社に出向いて参詣する。すると女は神託をえる。「汝を望みどおり鬼にしてやろう。家に帰りて、姿を改めよ——」と。

女は言われたとおり、その身に赤い衣をまとい、顔には丹《に》を塗り、頭には鉄輪、つまり五徳をのせてろうそくを灯し、生霊《いきりょう》（鬼）と化して夫を呪い殺しに行くという怖い話だ。

では、祈願がかなったときにはどうするのか。

当然、その神社にお礼をしにいかなければならない。これが「お礼参り」である。

「お陰参り」というのもある。これは陰年《かげどし》に伊勢神宮《いせじんぐう》にお参りする。陰年とは、伊勢神宮の遷宮《せんぐう》があった翌年をいい、六十年を周期にくるのだが、今では「お陰参り」は春の行事になっている。

このお陰参りは、神のお陰で生活の安泰を得て伊勢の神宮に参詣できるという意味である。

ついでに言うと、伊勢参りには「抜け参り」というのがあって、厳しい封建社会のなか、家族や主人に無断で抜け出し、参詣して戻ってきても咎《とが》められなかったという。

また、「無言参り」というのもある。

人々に「一言《いちごん》さん」と呼ばれ、親しまれている「一言主神《ひとことぬしのかみ》」という神がいて、この神にひとこと願えば何でも聞いてくれるというものだ。無言参りをしたときには、一夜が明けるまで口をきいてはいけないとされている。

こんな話がある。幕末動乱期、京の都に集まった倒幕志士たちの下工作に奔走した長州の桂小五郎《かつらこごろう》、のちの木戸孝允《きどたかよし》だが、かれは祇園《ぎおん》祭のさなか、無言参りの願かけから帰る途中の芸妓・幾松《いくまつ》と出会う。幾松の心がふるえる。今、無言参りでかけてきた願にぴったりの男だったからだ。しかし小五郎に話しかけられても、ひとことも口がきけない……。

だが周知のとおり、二人は幕末動乱をへて晴れて正式の夫婦になっている。

このように神というのは人々の祈願の中身に関係なく、その成就に力をかしてくれるようだ。

ちなみに、先ほどの生霊（鬼）となって夫を呪い殺しにいった女は、陰陽師《おんみょうじ》・安倍晴明《あべのせいめい》に呪い返され、祈願成就とはならなかった。

●神棚の飾り方

これまでみてきたように、特別の信奉者でなくとも、私たち普通の日本人が日常生活において、神に深くかかわってきていることはまちがいない。

しかし神棚を飾っている個人の家は、そう多くない。

家のなかに神棚を設ける場合、場所の選定が重要だという。

そこは神を祭るところなので、神域となる。それだけに、できるだけ静かな清浄な場所を選ぶことが大切だ。

次に、少なくとも目の高さ以上で手の届く範囲内に設けるべきだという。棚の向きは南か東向きだ。神を祭る神座は、三種類ある。伊勢神宮《いせじんぐう》をかたどった神明型《しんめい》と、片屋根型、箱宮型といわれるものだ。この三つを合わせたものもある。

いずれも神社をかたどったものなので、正面中央が最上位となる。ここに伊勢神宮の護符を祭り、向かって右側に氏神、左に自分たちの信じる神の護符を祭るのである。

この神座の前の飾り物として、正面中央に鏡をおき、左右に榊《さかき》を飾る榊立てと灯明を配す。そして、紙でできている幣《しで》を下げた注連縄《しめなわ》を前面の上方に張るが、この場合、注連縄の太いほうが向かって右側にくるようにする。

神棚に鏡を飾るのには理由がある。

古来、鏡には神の魂が宿るものとされ、神聖視されてきた。そして姿を映すものというより祭器や権力の象徴であった。今、私たちがその鏡を神棚に飾るのは、神が照覧するためと、鏡はケガレのない真心を意味する清浄のしるしだからだ。また、榊を飾るのは「神霊の宿る木」「栄える木」という意味もある。灯明は、火で照らすことで浄《きよ》められるからだといわれる。

神棚にはお供えものをする。

これを「神饌《みけ》」というのだが、毎朝供えるのは、米・塩・水がふつうだ。祭祀があるときには酒、餅、魚介、鳥獣、海藻、果物などいろいろあるが、そのときにふさわしいものを選べばよいといわれている。

また、初物《はつもの》や、人からのもらいものなども、ひとまず神棚に供えたりする。神に感謝して捧げるという気持ちのものなら、こだわらなくていい。

神棚を作らなくとも、参詣した神社の護符を柱などに貼っておくだけでも、御利益《ごりやく》はあると考えられていて、そういう家は多いようだ。

「ハレ」と「ケ」

●禊《みそぎ》祓《ばらえ》とは

よく問題のあった政治家などが、選挙に出て当選すると「禊はすんだ」、などと誇らしげに宣言することがある。おそらくかれは、身に覚えのある後ろめたさが再選によって取り払われたと言いたいのだろう。

この「禊」だが、本来は身のケガレを取り除いて浄《きよ》め、神に近づくにふさわしい体になるためのものだった。また「祓《はらえ》」は、神に祈って心のケガレを取り払う神事だった。

しかし今は、その両方を合わせて単に「祓」あるいは「禊」といわれる。

ケガレが取り除かれたその状態を「ハレ」という。ハレ着のハレだ。

いずれにしても、神とつきあうには禊も祓も重要である。

古来人々は不浄（ケガレ）を忌み嫌い、清浄であることをもっとも重視した。そのためケガレを取り除く方法として、禊が行なわれたのだった。

簡単にいえば、禊とは塩水につかって体を洗い浄めることだ。塩水は、古くから罪やケガレを浄める力があり、海に通じる清流や滝もその代りであらゆるものを洗い浄めると信じられていた。

それゆえ、禊の場に清浄な海浜や川が選ばれるのである。

そのさい、手には麻の葉、茅草《かやくさ》などをもってしたという。

禊をするのは人間ばかりではない。神輿《みこし》などもする。町や村を練り歩いたあと、海や川などに入っていく。ちなみに神輿の動きは神の意思であるとされている。そのため、あのような一見無謀な練り歩きが許されるのである。

また、お弔いのときの塩まきや、相撲力士が土俵の上でする塩まきも、みな禊、「お浄め」なのである。塩水の代わりに塩というわけである。

禊の起源は日本の「神話」に由来する。

イザナギノミコトが、亡き妻・イザナミノミコトを黄泉《よみ》の国に訪ね、元の国に帰ろうと説得する。妻は、黄泉の国の神と相談してくるから、そのあいだは決して私を見ないでほしいという。だが待ち切れない夫は、自分の櫛《くし》に火を灯して妻を見てしまう。すると妻の体は腐っていて、体じゅうから蛆《うじ》がわいていた。その姿に驚いた夫が逃げ出すと、妻は醜い化け物に夫を追わせる――。

逃げおおせたものの、死の国のケガレにふれてしまったイザナギノミコトは、それを祓い浄めるため筑紫国の川原で禊祓をし、身を浄めたのである。ちなみに、このときイザナギノミコトは多くの神々を誕生させている。なかでも有名なのが、天照《あまてらす》、月読《つくよみ》、須佐之男《すさのお》の三神だ。天照はイザナギノミコトが左目を洗うと誕生している。

今でも神職にあるものは、祭祀にかかわるときにはあらかじめ心身を浄めるため禊を行なう。

さて祓だが、この風習は今でも行事として残っている。その方法は、形代《かたしろ》といって紙で人形をつくる。その人形で自分の体をなでてから、人形に息を吹きかける。すると自分の罪やケガレが人形に乗り移る。それを川に流せば、自分の身が洗い浄められるというのだ。

私たちも、正式な参拝のときは神職の祓をうける。

まず神職の祝詞《のりと》（祓詞）がある。のち白い紙でつくられた幣《しで》を束ねた棒、つまり御幣《ごへい》がふられ、参拝者のケガレが祓われる。ついで別の神職によって榊の枝の葉先が塩湯に浸され、それが左・右・左とふりかけられる。

このような祓の手続きを踏んで初めて、参拝者は正式に神に祈願できるのである。

●神道の死後の世界

人は死んだらどこへ行くのだろう。

黄泉《よみ》の国は、「神話」に登場する死の国のことだ。そこでは前項でみた亡きイザナミの姿からもわかるように、死者はケガレにまみれていると考えられていた。

黄泉の国はケガレに満ちた世界だ。

だが、それは生きている者（イザナギ）からみた黄泉の国の姿であって、死者自身（イザナミ）が生きている黄泉の国の姿とはちがうという。

死後の世界はしょせん現実の世界からは見えない、うかがい知れない世界なのである。そうであるから神話では「黄泉」とか「根の国・底の国」などと呼ぶようだ。

その黄泉の国は海や山のかなた、山中や地下という漠然とした世界をさすという。古くから人々は目には見えないが人格的な意思をもつ霊性を信じ、それらを神として祭ってきた。

この世というのは霊肉一体の生命現象のあらわな世界であり、死後は肉体と霊が切り離され、人は霊として存続すると信じられている。

つまり人間を含めて万物を生かしている霊的な存在、あるいは霊の力を認めていた。その霊性を人々は「たま」といい、霊妙な力をさして「たましい」ともよんだ。

この二つは、やがて霊魂をさすようになるのだが、「魂」は「むすひ・むすび（産霊）」ともよまれた。「むす」は産・生、「ひ（び）」は霊力の意味をもっている。

ということは、霊魂は「生命を産む」霊妙な力だ。その霊魂を祭り鎮めることが人々の宗教的な態度なのである。

人々は死者をケガレとして忌み嫌うが、なぜ霊魂は祭り鎮めるのか。そうすることで霊魂は浄化されて祖霊になり、産霊の力に満ちた神になると信じられているからだ。祖霊とは先祖の神霊のことで、神をさす。

人は誰でも神に祭られる可能性を秘めているのだが、その可能性は生きている者の手に委ねられている。祭る人の誠意しだいだからだ。

したがって死んだらどこに行くのかと、目には見えない死後の世界に拘泥しない。それよりも死者の霊を祭って鎮めることを重視する。

それだけに人々は、この世にある自分が祖先から子孫への中継ぎとしての存在であるこすると、その存在が「生命を産む」霊妙な力のある「祖霊＝神」によってあることを強く自覚するという。

地獄・極楽を死後の世界に描いている仏教とはちがい、神への信仰では現世を大切にして、生を謳歌することを第一義としているため、死後に極楽浄土《じょうど》へ行くという教えはないのである。

●ケガレを嫌う神社

神を信仰する神道系の人々は、葬式を神社であげるのだろうか。神主さんがお祓《はら》いにきてくれるのだろうか。

じつは、神社は葬式にはかかわらないのである。神社はあくまでも「神を祭る場所」だからだ。葬式は自宅でしたり、公共の葬祭場でしたりする。

神社は神域であり、「ケガレ」を嫌う。死者は、ケガレそのものなのである。そのため、神社が死者に直接かかわるようなことはしない。もちろん神社付属の墓場など、ないのである。

人が亡くなると、まず通夜が自宅などで行なわれる。

これは昔、喪屋《もや》というところで、遺族が死者の霊魂が亡骸《なきがら》に戻ってくることを願って、死者と一緒に一晩を過ごした風習を受け継いだものだ。喪屋とは、亡骸を仮に納めておき、遺族が喪中をすごす家をさす。

遺族は、霊魂の復帰がかなわないと知ると、葬送を行なって、村落の墓地に埋葬した。死は、この世からその人がいなくなるとともに、村落共同体からも離脱することを表わしている。葬式というのは、その承認を村落共同体からうけるための厳粛な儀式なのだ。

この「神」信仰の人々の葬式は、霊祭といわれ、葬送が終わると、本名の下に命《みこと》と書かれた霊璽《れいじ》あるいは霊代《たましろ》と呼ばれるものを祭る。これは、死者の霊の代わりのものである。仏教でいう戒名《かいみょう》というのはない。

「神話」にでてくる神々の名に、『古事記』では「命」、『日本書紀』では「尊《みこと》」という敬称がついている。一般的には天皇に関係する神名には「尊」、それ以外の神名には「命」をつけるようだ。

まず、十日祭・二十日祭・三十日祭・五十日祭・百日祭とある。死後、三ヵ月ちょっとで、六回の祭祀である。

それから、死後満一年めから一年祭・二年祭・三年祭・五年祭・十年祭・三十年祭・四十年祭・五十年祭・百年祭と行なわれる。

霊は祭られ鎮められると、祖霊へ移行して神にもなると信じられている。

祖霊への儀礼のなかで代表的なものが「お盆」の行事で、毎年七月十五日を中心に行なわれる。新暦採用後は、新暦の七月に行なうところと、月遅れになる旧暦八月に行なうところがある。

その日が近づくと、各家庭では供物を捧げる盆棚をつくって祖霊を迎える準備をする。そして二、三日の祭祀のあと、黄泉《よみ》の国へ送り返すのである。祖霊を迎えるときと送るときには、火を焚く。盆踊りでは笠などで顔をおおうことがあるが、本来祖霊の依代《よりしろ》として機能するという意味があった。

神社では古来、祭りといえば、春と秋の氏神《うじがみ》系の祭事だったのだが、十世紀半ば以降、御霊信仰系の夏祭りが全国に広がり、祖霊への儀礼としての夏祭りも行なわれるようになった。この夏祭りは祖霊を慰めるためのものであるから、派手な山車《だし》、行列・舞踏がつくことが多い。その代表的なのが京都の祇園《ぎおん》祭りである。

ちなみに山車というのは、霊の依代であることを示している。なお山車を、地方によっては楽車《だんじり》、檀尻、地車などと書くところもある。

第四章　日本の仏と仏教

大乗《だいじょう》仏教の成り立ち

●出家と修行

俗世間を捨てて仏門に入ることを出家という。つまり親や妻子を捨てて修行に励むのである。紀元前四六三年に生まれた釈迦《しゃか》も、二十九歳のときに愛する妻と子を捨てて出奔した。しかし、現在の日本では妻子をもち、家や車をもち、ふつうに生活しているお寺の僧は多い。これはなぜだろう。

インド仏教でも中国仏教でも、僧は出家者であり、妻や子をもたない。日本でも、かつて僧は出家者でなくてはいけなかった。

ところが鎌倉時代、浄土真宗《じょうどしんしゅう》の開祖である親鸞《しんらん》は妻を娶《めと》った。そのため、浄土真宗では以後も妻帯が許された。また、公には認められていなくても、妻帯していた僧はいた。室町時代の型破りの禅《ぜん》僧、一休《いっきゅう》には妻ばかりか子どももあったといわれている。

やがて時代が下り、明治維新ののち、僧の妻帯が全面的に認められるようになった。

なぜ、日本では僧の妻帯が許されたのか。それは日本の仏教が大乗仏教だということに関係がある。釈迦の入滅後、仏教教団は見解の相違から分裂をいくども繰り返した。やがて紀元前後、小乗《しょうじょう》仏教と大乗仏教に分かれたのだが、日本に入ってきたのは、この大乗仏教だった。小乗仏教では出家者だけが悟りを開くことができるとし、俗世間を超越して己の修行と純粋な思考にだけ専心することを課した。

しかし、大乗仏教にはそういう教えはない。よって僧が妻帯しても、基本的に修行の妨げにならないのである。

●檀家制度と主要七宗

日本に入ってきた大乗《だいじょう》仏教には、その後いくつもの宗派が生まれた。

多くの日本人は、日ごろ自分の宗教を意識しないで生活している。しかし宗派を聞かれて返事に困った人の家でも、たいていはどこかの宗派に属している。個人ではなく家が属しているというのは、思えば不思議である。これは、江戸時代の檀家制度の名残である。

檀家制度とは、どの家も必ずどこかの寺の檀家になるという制度である。すべての家に所属する宗派や寺を決めさせ、寺が転居や結婚、就職や旅行のときの身分証明となる「寺請け証文」を発行した。つまり、お寺の証文がなければ、個人は社会生活を営めないしくみになっていたのである。

この制度が生まれたのは江戸時代のはじめ、幕府は信仰心に篤いキリシタンの存在に悩まされ、「宗門改役《しゅうもんあらためやく》」という役所を設置した。この役所を使って個人の宗派を管理して、キリスト教徒を根絶しようとした。そしてすべての人を寺に帰属させる檀家制度を進めたのだった。

つまり日本の檀家制度の確立は、キリスト教禁止と表裏をなしているのである。

さて、仏教とひと口でいっても伝統的な宗派だけで十三宗ある。古い順に並べると、法相《ほっそう》宗、律《りつ》宗、華厳《けごん》宗、天台《てんだい》宗、真言《しんごん》宗、融通念仏《ゆうずうねんぶつ》宗、浄土《じょうど》宗、臨済《りんざい》宗、浄土真《じょうどしん》宗、曹洞《そうとう》宗、日蓮《にちれん》宗、時《じ》宗、黄檗《おうばく》宗である。

このうち最初の三つは奈良仏教の流れを汲むもので、宗派というより学派の性質が強い。天台宗以後の宗派のうち、寺院や信徒の数が多い天台宗、真言宗、浄土宗、浄土真宗、臨済宗、曹洞宗、日蓮宗の七つを主要七宗という。天台宗と真言宗は平安仏教であり、あとの五つは鎌倉仏教である。

主要七宗の特徴をここで述べよう。

○天台宗
・開祖　最澄《さいちょう》（七六八ー八二二）
・本尊　久遠《くおん》実成の釈迦如来《しゃかにょらい》。
・特徴　天台宗の密教《みっきょう》を台密《たいみつ》という。すべての人は成仏《じょうぶつ》できると説く。山門《さんもん》派、寺門《じもん》派、ほか多くの宗派が出た。総本山は比叡山延暦寺《ひえいざんえんりゃくじ》。後世に与えた影響は大きく、法然《ほうねん》、親鸞《しんらん》、道元《どうげん》、栄西《えいさい》、日蓮、一遍《いっぺん》らもこの寺で天台宗を学んでいる。

○真言宗
・開祖　空海《くうかい》（七七四ー八三五）
・本尊　大日如来《だいにちにょらい》。ほかに薬師《やくし》如来、阿弥陀《あみだ》如来、観音菩薩《かんのんぼさつ》、文殊《もんじゅ》菩薩、不動明王《ふどうみょうおう》なども祭られる。
・特徴　純粋密教。印を結び、真言を唱え、大日如来を思うことで、この身のまま仏になれる「即身《そくしん》成仏」を説く。現在は各派に分かれている。空海は東寺《とうじ》、金剛峰寺《こんごうぶじ》で教えを広めた。真言密教を東密《とうみつ》という。

○浄土宗
・開祖　法然（一一三三ー一二一二）

・本尊　阿弥陀如来
・特徴　阿弥陀仏を信じ、「南無阿弥陀仏《なむあみだぶつ》」と唱えれば、必ず極楽浄土へ成仏できると説く。専修念仏という。毎日のお勤めとして「南無阿弥陀仏」を十回唱える。総本山は京都市の知恩院《ちおんいん》。
○浄土真宗
・開祖　親鸞（一一七三－一二六二）
・本尊　阿弥陀如来。具体的な絵や像を祭る場合と、南無阿弥陀仏という名号だけを祭る場合がある。
・特徴　親鸞は法然の弟子。阿弥陀仏を信じるだけですべての人が極楽浄土へ行けるという絶対他力を説く。自らも妻子をもち、在家仏教を確立。阿弥陀仏の本願によって、だれもが救われるという。大谷派の東本願寺《ひがしほんがんじ》と本願寺派の西本願寺《にしほんがんじ》を含めて十の分派がある。
○臨済宗
・開祖　栄西（一一四一－一二一五）
・本尊　釈迦如来、阿弥陀如来、観音菩薩などさまざまな本尊があり、特定していない。
・特徴　悟りは真の自己に気づくことと説く。そのために師が難問を出し、坐禅《ざぜん》を通して

弟子が答えを考える「禅問答」が行われる。この問答を公案《こうあん》といい、この禅を看話禅《かんわ》とい
う。臨済宗は茶道の作法に影響を与え、千利休《せんのりきゅう》も臨済宗の大徳寺《だいとくじ》で喫茶の意義を学んだ。

○曹洞宗

・開祖　道元（一二〇〇－一二五三）

・本尊　釈迦牟尼仏《むにぶつ》（歴史上の釈迦）

・特徴　ただひたすら坐禅をすることを説く。これを只管打坐《しかんたざ》という。雑念をもたず、坐禅を組む。坐禅のとき、臨済宗のような禅問答は行わない。道元が開いた永平寺《えいへいじ》は、曹洞宗の大本山である。

○日蓮宗

・開祖　日蓮（一二二二－一二八二）

・本尊　釈迦牟尼仏

・特徴　法華経《ほけきょう》を最高の経典とする。「法華経に帰依《きえ》します」という意味の「南無妙法蓮華経《なむみょうほうれんげきょう》」という題目を唱える。個人を救うだけでなく、法華経の信仰による理想国家の実現を説く点が独創的である。総本山は山梨県の久遠寺《くおんじ》。なお、織田信長《おだのぶなが》が明智光秀《あけちみつひで》に討たれた京都の本能寺《ほんのうじ》は、日蓮宗の寺である。

仏教の教え

●「般若心経《はんにゃしんぎょう》」のこころ

キリスト教には「聖書」が、イスラム教には「コーラン」があるように、仏教には「経」がある。お経は、弟子たちが釈迦《しゃか》の教えをまとめた経典である。

日本では葬儀の八割が仏式で行われるという。そのため私たちは自分が仏教徒という意識がなくても、お経を何度も耳にしている。それなのに何度聞いても、意味がわからない。

それも無理のない話だ。日本に伝わったお経は、サンスクリット語で書かれた経典を漢訳したものをそのまま用いているからである。よって漢文の素養がないと、耳で聞いただけでは意味がとれないのだ。

さらに、お経をむずかしいと感じさせる原因は、その種類の多さである。仏教には、俗に八万四千の法門があるといわれる。とにかく、お経の種類が多い。いったい全部で何種類あるのか、正確な数字はわからない。

内容別にみると、釈迦の教えをまとめた「経」と、戒律をまとめた「律」、経の注釈である「論」の三種類がある。

教義別でみると、釈迦が弟子たちに説いた教えである「小乗《しょうじょう》経典」、釈迦の教えを在家信者に説くための「大乗《だいじょう》経典」、密教《みっきょう》の奥義を説く「密教経典」の三種類がある。なお密教経典は大乗経典の一部である。

大乗経典で、もっとも知られているのは「般若心経」である。総字数二六二字。このなかに仏の智恵が盛り込まれている。私たちにも聞き慣れたこのお経を、サンスクリット語から漢文に訳したのは、『西遊記《さいゆうき》』でお馴染みの唐《とう》の三蔵法師《さんぞうほうし》玄奘《げんじょう》である。「般若」は智恵、「波羅密多《はらみた》」は彼岸《ひがん》へ渡るという意味だ。彼岸とは悟りを開くこと。つまり、「悟りを開く智恵についての教え」なのである。いっさいは「空《くう》」であると説き、その境地に達すれば、苦しみから逃れられるというのが、「般若心経」の教えである。

●四国八十八カ所、「霊場めぐり

仏教を信奉する人々の間には、さまざまな信仰の形が生まれた。たとえば白装束《しろしょうぞく》に菅笠《すげがさ》で、お寺からお寺へとめぐるお遍路《へんろ》さん。

四国八十八カ所のお寺を巡礼する「四国遍路」は、よく知られた霊場《れいじょう》めぐりである。

徳島、高知、愛媛、香川の四県をつなぐ八十八カ所は、真言宗《しんごん》の祖、弘法大師空海《こうぼうだいしくうかい》ゆかりの地である。菅笠には「同行二人《どうぎょうににん》」と書く。これは、「弘法大師が心のなかで同行している」という意味なのである。

遍路の起源は、平安時代にさかのぼる。弘法大師が亡くなったあと、弟子が師の修行の足跡を訪ね歩いたのが最初だといわれる。当時の巡礼は、僧や修験者の厳しい修行の場であった。それが一般の人々にまで広まったのは江戸時代である。深い信仰心、亡くなった人への供養、あるいは自身の心を見つめるために、人々は巡礼の旅に出た。

四国八十八カ所の巡礼はおよそ一四〇〇キロにおよぶ行程だ。巡礼でまわる寺を札所《ふだしょ》といい、参拝すると「納め札」という札を納める。納め札のほか菅笠や金剛杖など巡礼で必要なものは、最初の札所である「一番札所」で買い求めることができる。一番札所から八十八番札所まで歩くと、約二カ月を要する。

札所についたら、まず水屋で手と口を洗い浄《きよ》める。それから、鐘楼《しょうろう》で鐘を撞《つ》く（撞かない場合もある）。

つぎに納経所へゆく。納経とは、本来は経典を寺社に納めることをいう。巡礼のときには経典のかわりに米銭を納め、納経帳に御朱印を受ける。ここに自分の納経帳を預けて、印の依頼をしてから、お参りをする。読経や御詠歌を奉納する場合もある。それから参拝の日付、住所、氏名を書いた自分の納め札を納め、納経所で御朱印の押された納経帳を受け取る。

こうして、八十八番目の札所までめぐり、杖と菅笠を納めて旅が終わる。

なお、巡礼には四国遍路のほか、西国《さいごく》三十三カ所観音《かんのん》、坂東《ばんどう》三十三カ所観音、秩父《ちちぶ》三十四カ所観音の百観音霊場をめぐる「観音巡礼」「七福神めぐり」「三十六不動《ふどう》霊場めぐり」などもある。

●無の境地「禅《ぜん》」

世界的にも人気のある禅では、差違はあるが臨済《りんざい》宗、曹洞《そうとう》宗のどちらでも坐禅を組む。両足を組んで座り、精神を統一し、無想の境地に入る修行法である。古代インドでは古くから修行者のあいだで行なわれており、釈迦《しゃか》も修行時代に坐禅を組んだという。坐禅とは、菩提樹《ぼだいじゅ》の下で悟りを開いたときの釈迦の姿でもある。

坐禅というと、広いお堂に並んで座り、体がふらふらしたり、居眠りをすると、棒で喝《かつ》を入れられる。そんな厳しいイメージをもっていないだろうか。

たしかに、慣れないとうまく座れない。足がしびれて痛くなる。眠くなる。しかし、それは坐禅のほんの一面である。ものにこだわらない心、あるがままを受け入れる心、そういう平安な境地に至るための修行であり、本来は苦行ではない。

坐禅は、禅寺や坐禅道場で行なわれている。そういう場に出かけるのもよいが、自宅で行なうこともできる。

服装はゆったりとしたものなら何でもよい。ただし靴下は必ず脱ぎ、静かな部屋で行なう。線香は、空気を清浄にし、香りで心を落ち着けるために焚く。

まずは、二つ折りにした座布団にあぐらをかいて座る。右足首を両手でもって左足の付根につけ、左足首を両手でもって右足の付根につける。これが基本である。できないときは、片足だけのせる。左足だけをのせた座り方を降魔坐《ごうまざ》、右足だけをのせた座り方を吉祥坐《きっしょうざ》という。これもできないときは、正坐で行なう。

手は、右の掌に左の掌を重ねて、親指をそっと合わせる。その重ねた手はへその下あたりに置く。これは法界定印《ほっかいじょういん》という。釈迦が悟りを開いたとき、このように両足と両手を組んでいたのである。

足と手を組んだら、体を前後左右に揺らし、安定したところで動きを止める。そして肩の力を抜き、背筋を伸ばす。目は閉じない。呼吸は鼻で行なう。静かに長く吐き、短く吸う。落ち着いた心の状態になることを禅定《ぜんじょう》に入るというが、初心者は十五分ほどが目安である。

坐禅は、心の修行である。しかし坐禅を組んでいるあいだだけが修行ではないと禅は教えている。朝起きて、ご飯を食べて、電車に乗って学校や会社に行く途中も、掃除や洗濯をやっているときも、日常の一切が修行になるという。

とりわけ禅では食事は重視されている。心身の健康に食事は欠かせないからである。調理する者は心から喜んで、愛情をもって、冷静に行ない、食べるときは音を立てないことが基本とされている。

暮らしの中の仏教

●仏教と年中行事

霊場めぐりや禅に取り組まずとも、気づかぬうちにもっと身近に仏に接していることもある。

長い神仏習合の歴史のなかで、神も仏も、日本人の意識に自然と溶け込んでいる。四季おりおりの行事も、神仏にまつわるものがあるが、それがどちらに由来するのか意識しないことも多い。本来の意味は知らないが、言葉だけは昔から知っているというものもある。

ここでは、私たちの生活のなかにある仏教に関する行事を集めた。

・初詣　一月一日から一月七日

新年はじめの初詣というと、ふつうは神社にお参りにゆく。もともと初詣は、氏神《うじがみ》に参るものであったのだが、神仏習合が進むと、お寺にも初詣に出かけるようになった。お寺への初詣が根づいたのは、江戸時代だといわれる。治世が安定した江戸時代には、庶民の間でレジャーが定着した。人気のレジャーは、なんといってもお宮参りとお寺参りであり、初詣も盛大に行われるようになったのである。

当時は、神仏への信仰が今よりも強かった。人々は、その年の縁起のいい方向である恵《え》方《ほう》にあるお寺や神社にお参りに出かけた。「恵方参り」である。これが初詣と結びつき、年のはじめに恵方にあるお寺を選んで参るようになった。

お寺での初詣も、神社と同じく賽銭《さいせん》を投げて、その年の幸せを祈願する。お札やお守りを買うのも同じである。縁起物の破魔矢《はまや》には、魔である煩悩《ぼんのう》を破るという意味がある。

・節分　二月三日

節分とは、季節の移り変わるとき、すなわち立春、立夏、立秋、立冬の称だ。だが、ふつう口にする節分は二月三日の豆まきの日をさしている。立春の前日、棘《とげ》のある柊《ひいらぎ》の枝に鬼が嫌いなイワシの頭を刺して戸口に立てる。そして、「鬼は外、福は内」と声をあげ、炒った大豆をまく。

これは、新年を迎えるにあたって福を招くための行事として中国にあった「鬼払い（追儺《ついな》）」の儀式がもとになっているといわれる。それが唐代の中国から伝わり、日本古来の「豆打ち」の行事と合わさったようだ。

節分の豆まきは、古くは大晦日《おおみそか》に宮中で行われていたが、やがて節分の夜に神社やお寺でも行われるようになったという。

節分というと、千葉県にある成田山新勝寺《なりたさんしんしょうじ》が有名である。ところが、ここ新勝寺では豆をまくときは「福は内」としか言わない。本尊の不動明王《ふどうみょうおう》の慈悲の前では、鬼も改心して善良になるので、追い出す必要がないからだという。

・お彼岸《ひがん》　三月と九月の下旬

春と秋の二回あり、春分、秋分の日をはさんで一週間をさす。「暑さ寒さも彼岸まで」というように、彼岸を境に夏の暑さや冬の寒さが和らぐ。彼岸を過ぎると、気候のいい、過ごしやすい季節が巡ってくる。

お彼岸に家族そろってお墓参りに出かける光景は、風物詩になっている。よって仏教の行事と思い込みがちだが、日本のようなお彼岸の風習は仏教の本家、インド仏教にはない。考えてみれば、暑いインドには日本のような四季がなく、お彼岸の季節がそれほど過ごしいいわけでもない。

彼岸という言葉は、まぎれもなく仏教用語である。「向こう岸」という意味で、仏の世界、悟りの世界をさす。お墓参りをして先祖を供養するのではなく、仏の世界にゆくための修行をすべきなのである。

それがなぜ日本では「お彼岸」が墓参りにいく年中行事になったのか、定説はない。聖徳太子《しょうとくたいし》が、日本人が古来からもっている祖先を敬う祭りと仏教の彼岸を融合させたともいわれる。また、春分や秋分の日という農作業の区切りとなる時期の祭りと彼岸が結びついたという説もある。ほかに、この時期には太陽が真西に沈むので、西方にあるとされる極楽浄土《じょうど》、すなわち「彼岸」を意識しやすいからともいわれる。

なお、一般の庶民が家族そろってお彼岸にお墓参りをする風習が定着したのは、江戸時代からだという。

・花祭り　四月八日
釈迦の誕生日である。花祭りは俗称で、正式には灌仏会《かんぶつえ》、または仏生会《ぶっしょうえ》という。お寺では花で飾ったお堂を設け、その中央に水盤を置き、右手は天を、左手は地をさした姿の釈迦像をすえる。

水盤は甘茶で満たし、参詣する人は柄杓で甘茶を汲み、仏像の頭から三度かける。

なぜお堂を花で飾り、釈迦像に甘茶をかけるのか。それは釈迦の誕生のエピソードに関係している。

紀元前四六三年、釈迦族の族長、浄飯《じょうぼん》王と摩耶《まや》夫人の長男として釈迦は生まれた。場所は、花々が咲き競う美しいルンビニの園である。かれは摩耶夫人の脇腹から生まれ落ちた直後、立って七歩進み、右手で天を左手で地をさして「天上天下唯我独尊《てんじょうてんげゆいがどくそん》」と宣言した。すると天の竜は花を散らし、甘露《かんろ》の雨を降らせて釈迦の誕生を祝福したという。

つまり、花はルンビニの園を、釈迦像に甘茶をかけるのは甘露の雨を表わしているのだ。天と地をさす像は、生まれたときの釈迦の姿である。

花祭りは、インド、中国のほか、南方に伝わった小乗仏教の国であるタイ、ビルマ、スリランカ、ヴェトナムでも行なわれている。日本では、仏教の理解者である聖徳太子が摂政を務めていた推古《すいこ》天皇の御世に取り入れられ、江戸時代には盛んに行われるようになる。しかし、当時は花祭りという名称はなかった。これは明治の終わりに、ヨーロッパの春を祝う「花祭り」という行事の名称から取ったともいわれる。

・お盆　七月十三日～十六日、または八月十三日～十六日
盂蘭盆《うらぼん》の略である。日本で一番古くに行なわれたお盆は、西暦六五七年の七月十三日から十五日までの三日間、飛鳥寺《あすかでら》においてであるという。

盂蘭盆とは、サンスクリット語のウランバーナが語源といわれている。「逆さまに吊り下げられた」という意味だ。

釈迦の弟子の目連《もくれん》の母が地獄に落ちたとき、彼女は逆さ吊りにされて飢えと渇きにもが

き苦しみ、目連はその苦しみを救うため、七月十五日に供養をしたといわれ、これが盂蘭盆の起源であるという。

　このように飢えた先祖への供養であるから、お盆には食べ物を豊富に用意する。盆棚という棚には、位牌のほかに水鉢、野菜、果物を供える。素麺や白玉団子、氷菓子などもそえる。キュウリやナスに麻幹《おがら》をさして馬や牛を作るのは、馬は精霊の乗り物であり、牛は荷物を運ぶからだ。

　日本には、仏教とは別系統で現在の八月半ばに一族が集い、収穫物を祖先に捧げる先祖祭りの風習があった。その習わしが仏教の盂蘭盆と習合し、現在のお盆ができあがったようだ。

　先祖の霊は、灯りを頼りに家に戻ってくるという。そこで十三日の夜には庭先で麻幹で火を焚《た》く。迎え火である。仏壇や精霊棚《しょうりょうだな》の前には盆提灯や盆灯篭《とうろう》を灯す。そして十六日には、祖先の霊が帰っていくので、また火を焚く。これを送り火という。

　有名な京都の大文字焼きでは、「大文字」、「妙法」、「船形」、「左大文字」、「鳥居型《とりい》」とつぎつぎに火がつけられる。夏の風物詩であるが、これは盆の終わりを告げる送り火である。一年以内に亡くなった人がいる家では、親類縁者を招いて精進料理でもてなす。これが新盆である。

・除夜《じょや》の鐘　十二月三十一日

大晦日《おおみそか》の晩の除夜の鐘も、仏教的な意味合いの強いものだ。

除夜の鐘は、一〇八つ撞《つ》く。これは私たちがもっている一〇八つの煩悩《ぼんのう》を取り除くためである。一〇八つの煩悩とは、どんなものだろうか。

仏教では、人間には感覚を生じる眼、耳、鼻、舌、身、意の六つの器官があるとされている。そして、眼が見る「色」、耳が聞く「声」、鼻が嗅ぐ「香」、舌が感じる「味」、体が感じる「触」、意識する「法」というように六つの器官にはそれぞれ固有の知覚がある。

知覚が生じたとき、「好意」、「悪意」、「どちらでもない」の三つのうちいずれかの感情が生じる。これが煩悩になる。六かける三で、十八である。

煩悩には、「染」と「浄」という二種類があるので、十八かける二で、三十六。それぞれに「過去」、「現在」、「未来」の三種類があるので、三十六かける三で、一〇八となる。なお、これは一説であり、ほかの数え方もある。

除夜の鐘は、去り行く一年を反省する法要を行ない、そのあとで鐘を撞きはじめる。お寺によっては、一般の人が鐘を撞くことができる。このとき、注意したいのが「出鐘」である。出鐘とは、参拝の帰りがけにつく鐘のこと。お寺には「出鐘は撞くな」という言葉がある。せっかくの祈願が消えてしまうからだという。ふだんの参拝で鐘を撞くときも同様である。

●仏式の葬儀

私たちがもっとも多く接するのが、仏式の葬儀だろう。

ところが、意外なことに、本来、仏教は葬儀とは無関係であった。仏教の開祖である釈《しゃ》迦《か》は、「自分の葬儀は在家の人間がやる。お前たちは葬儀に関わるより修行に励みなさい」と弟子に言い残している。インドでは、その後も仏教は一般大衆の葬儀には関わらなかった。これは出産や結婚や葬式など冠婚葬祭に関わったヒンズー教とは対照的である。これをインドで仏教が衰退していった一因と見る説もある。

日本には仏教は中国経由で伝わった。そのために、伝わった仏教は、中国の儒《じゅ》教《きょう》や道《どう》教《きょう》の思想の影響を受けており、奈良時代には天皇や貴族の葬儀に僧侶が関わることがあった。しかしながら、一般には僧侶は寺にこもり、学問や修行、国家の安泰のために勤める存在であり、一般の人の葬儀に関わることはなかった。現在でも奈良仏教の宗派では葬儀を行わない。

僧侶が現在のように一般大衆の葬儀を行うようになったのは江戸時代、檀家制度が確立してからである。現在の日本では、仏教と葬儀は深く関わっているが、あくまで日本独特のものであり、当然ながら仏教発祥の地インドにはない。

葬式は、死者を葬る一連の儀式である。

人が亡くなったとき、最初にすべきことは「末期《まつご》の水」である。臨終に立ち会った家族や親族で、死に行く人の口に水を含ませることだ。これは釈迦が入滅のさい、喉の渇きを訴えたことに由来するといわれる。

それから体を洗い浄《きよ》め、死装束と呼ばれる衣類を整える。すぐに納棺はせず、しばらく安置する。

遺体には白い布をかけ、手は胸の上で合掌させる。このとき、北枕で寝かせる。枕側には白い布をかけた小机に、香炉、燭台、花立、鈴《りん》、水、ご飯、団子などを置く。これを枕飾りという。飾るものは宗派によって異なる。

枕飾りが整ったあと、僧侶を呼び、経をあげてもらう。これを枕経《まくらぎょう》という。そのあと、棺に納めるのである。

死者を葬るまえに、家族や縁者が遺体のそばで夜を徹することを通夜という。通夜という言葉は、「夜通し」、死者の霊を守り、慰めるという本来の意味から来ている。通夜では、僧侶を呼び、お経をあげてもらったあとで、一同が焼香をする。弔問客が多いときは、読経の途中から焼香をはじめてもよいという。焼香には順番があって、まず喪主、つぎに遺族・親族とつづき、それから会葬者の順になる。僧侶が退席したあと、喪主が挨拶をして、会葬者をもてなす通夜ぶるまいを行なう。宗派によっては、会葬者が帰ったあとに家族や縁者による「枕づとめ」を行う。死者の枕元で、灯明と線香を一晩中、絶やさないように番をするのである。

葬儀では、遺族や近親者が参列し、故人の冥福と成仏を願い、また、故人との別れをしっかりと心に刻む。故人が仏弟子として戒律を授けられる儀式であり、浄土《じょうど》へゆく引導を渡す場でもある。そのため、葬儀では僧侶は「導師」と呼ばれる。ただし、浄土真宗では、人は亡くなると極楽浄土へ往生《おうじょう》できることが決まっているので、故人は僧侶から引導を受ける必要がないという。

葬儀のあと、一般会葬者も参列し、最後の別れを告げる告別式が行なわれる。そのあと棺にふたを閉めて、車で火葬場へゆく。火葬のあと、遺骨を骨壷に移す骨揚げをする。二人一組でひとつの骨を箸渡しする。これには、この世からあの世への「橋渡し」という意味がある。正式には男女一組で行ない、一、二片で、次の組に代わる。

火葬場から帰ったら、いっぱんには環骨回向《かんこつえこう》と初七日忌の法要を行なう。また、お骨は四十九日に墓に納めるのが一般的である。また、会葬者は帰ったとき、家に入る前に「浄めの塩」をまく。

現在、日本で行われている仏式の葬儀には、中国の儒教、さらに日本の神道の影響が見られる。たとえば、通夜まで遺体を自宅に安置したり、柩を家族や親族が運び出すのは儒教の風習からきているといわれる。また、死者の体を浄めたり、会葬者に塩をまく「浄めの塩」は、神道の影響といわれる。

●焼香と戒名《かいみょう》

本来、仏教は葬儀とは関わっていなかったので、通夜や葬儀のときの焼香も、もともとは仏教にはなかったものである。しかし、焼香そのものは、釈迦《しゃか》が生きていた時代から仏教の儀式で取り入れられていた。焼香には、香気によって、仏前を浄め、人の心を清浄にするという意味がある。

通夜や告別式に列席し、焼香の順番がまわってきたとき、作法がわからず戸惑ったことはないだろうか。

結論をいえば、故人の安らかな死を願って行なえばよいので、あまり作法に神経質にならなくてもよい。基本は、遺族に一礼し、祭壇に一礼し、焼香台の前で合掌してから行ない、焼香のあとに深く一礼して下がる。

焼香を行なうとき、抹香を親指、人差し指、中指でとり、軽く額におしいただいてから香炉にくべるのが礼儀だ。

真言宗《しんごん》では、この動作を三回繰り返す。焼香は仏、法、僧の三宝《さんぽう》に捧げ、むさぼり、怒り、迷いという人の三つの煩悩《ぼんのう》を消すとされるためである。浄土真宗《じょうどしん》では、一回の派と二回の派がある。

また抹香を額におしいただくことはしない。しかし大勢の会葬者がいるときは、宗派に関わらず焼香の回数を一回だけにしてもよいといわれる。

お線香で行なうときは、真言宗、曹洞宗《そうとう》、天台宗《てんだい》、日蓮宗《にちれん》では三本の線香を離して立てる。臨済宗《りんざい》では長い線香を一本だけ立てる。浄土真宗では線香は折って香炉のなかで寝かせる。なお、ろうそくで火をつけた線香は、息を吹きかけて消さず、手であおいで消すのが作法である。

また仏教では一般に、人が亡くなると、菩提寺《ぼだいじ》の僧侶から戒名が与えられる。

しかし本来、戒名は仏の教えを守り、仏弟子となることを決意し、戒律を受けたときに与えられるものだ。つまり、生きているときに授戒の儀式を行なって与えられるのが正式なのである。

ところが実際には、葬式の場で仏弟子としての戒律を授けられることがほとんどである。菩提寺の僧侶は、死亡の知らせを受けたあと、納棺までのあいだに戒名を考えなければならない。

なお、浄土真宗では戒名とはいわず「法名《ほうみょう》」といい、日蓮宗では「法号《ほうごう》」という。

戒名は、性別や宗派、菩提寺との関係の深さなどによって決まり、格というのもある。また寺への謝礼の額にも幅があるので、僧侶とよく相談して決めるべきだろう。

戒名は宗派によってちがいがあるが、一般的には「院号《いんごう》」、「道号《どうごう》」、「法号」、「位号《いごう》」の四つから成り立ち、その組み合わせによって格が決まるという。

戒名のいちばん上につく「○○院」という文字が院号である。もとは故人が自分で建立した寺院の号を戒名として使ったことに由来する。寺院を建てるのは、貴族のような身分の高い人であり、院号を与えられるのもそういう人に限られる。現在では、地位が高く、社会的な貢献の大きかった人に与えられる。

　院号の下につくのが「道号」である。これは仏教の教えを修めた者に与えられる。

道号の下につくのが「法号」である。法号は個人の俗名《ぞくみょう》（生前の名まえ）から一文字、先祖代々使っている文字などを使う。

　その下につくのが「位号」である。信仰心の篤い男性は「大居士《だいこじ》」か「居士」がつく。居士とは、在家で仏教を修めた高徳の信者をいい、社会的地位の高い男性の戒名に用いられる。「大居士」、「居士」に匹敵する女性の位号は、「大姉《だいし》」である。一般の信徒では男性が「信士《しんし》」、女性が「信女《しんにょ》」。十五歳以下の子どもは、「童子《どうじ》」、「嬰子《えいし》」、「水子《すいし》」とつける。

　夫婦ふたりの名まえを並べて刻む「比翼墓《ひよく》」で、夫が「大居士」で、妻が「信女」では釣り合いがよくない。夫が「信士」で、妻が「大姉」でもよくない。位号の格は、夫婦でそろえるのが常識である。

　戒名のいちばん下につく「霊位」という文字は、「置字」で、位牌という意味である。

●お墓を建てる

仏教発祥の地インドには、輪廻転生《りんねてんしょう》といって人が死ぬと生まれ変わるという思想がある。もとはヒンズー教の教えで、インド仏教に受けつがれた。火葬を「荼毘《だび》に付す」というのは、インドの火葬を表す言葉に漢字を当てたものである。このことからわかるように、インドでは古くから火葬が行われていた。釈迦《しゃか》も火葬だった。重要なことは、死者の魂が煙と共に天に昇り、次に生まれ変わることである。そのため、一般には荼毘に付されたあとの灰は、川に流すので、墓は必要ない。

日本では、縄文、弥生時代から、死者は土葬されていた。墓については、支配階級のものは古墳時代からあったが、一般の死者は埋めるか、捨てられていたようである。

現在のような位牌型の板碑や墓石が作られるようになったのは、鎌倉後期から室町時代にかけて中国から位牌と戒名《かいみょう》が伝えられてからだといわれる。その後、現在のような形の墓が一般に普及したのは、江戸時代の檀家制度以後である。

さて、ある年齢になると、ふと考えるかもしれない。

「うちにはお墓がないけれど、わたしは死んだら、どこで眠ればいいのだろう」と。

お墓は、一般に使用者は親族に限られている。いくら生前に仲がよくても、友だちのお墓に入れてもらうのはむずかしい。

また、先祖代々の墓が菩提寺の墓地や霊園にあっても、自分だけ宗教や宗派がちがうときは、基本的に同じお墓には入らない。

「お墓を建てるのもたいへんそうだから、自宅の庭に骨を埋めてもらおうか」

と思うかもしれない。これなら、いつも家族のそばにいられるから寂しくない。

ところが日本の法律では、亡骸や骨を埋めるときは、都道府県知事の許可を受けた区域に限られている。好きな場所に勝手に埋めてはいけないのである。

ではお墓を買おう、という結論に達したとき、いったいどうすればいいのか。

墓地には寺院の墓地のほか、公営や民営の霊園がある。寺院の墓地に入るには、その寺の檀家というのが基本である。

しかし寺院の墓地は、代々の檀家ですでにいっぱいの場合が多い。その点、公営や民営の霊園は、たいてい宗教や宗派を問わず、新たな募集も多い。

だが、お墓を買うというのは、その区画の土地を買うことではない。土地の所有権は、あくまでも寺や霊園主など墓地の所有者にある。私たちが買うのは墓地の使用権なのである。この使用権を「永代使用権」という。つまり使用権を買って、その区画を借りるのである。

さて、自分のお墓を買ったといっても、好きなように骨を納められるわけではない。納骨に至るには手続きがある。

人が亡くなったとき、医師に死亡診断書を書いてもらい、役所に死亡届を出し、「火葬許可証」を発行してもらう。その許可証をもって火葬場に行き、火葬が終わると、火葬執行済と記入される。これが埋葬許可証となる。

この埋葬許可証と墓地を購入したときにもらえる霊園使用許可証がそろったとき、はじめてお墓に骨を納められる。

家や財産を相続するように、お墓も相続の対象となる。お墓を相続するとは、法要の施主の役割も引き継ぐことになる。代々の墓を守り、先祖を供養するのである。

血縁者がいないとき、血縁以外の者がお墓を継ぐことはできない。この場合は永代供養の手続きをするのが一般的である。

新たにお墓を建てるのは、ふつうはお彼岸やお盆、年忌法要など何かの行事に合わせてということが多いようだ。

仏教の死生観

●お墓参りの作法

故人の命日、年忌法要のほか、お彼岸《ひがん》やお盆にも墓参りに出かけることが多い。それ以外では、結婚や就職など、大きな出来事を故人の墓前に報告するための墓参りもある。また、帰省した折に、墓に参ることもあるだろう。墓前で手を合わせることで、人は心の落ち着きを取り戻すだけでなく、身の引きしまる思いになれる。

お墓参りにゆくときは、線香、ろうそく、マッチ、生花、供物、数珠《じゅず》などを持参する。お墓の掃除のための手桶や柄杓などは霊園で借りられることが多い。

服装は、喪服である必要はないが、場所柄を考え、地味目のスーツが無難である。

墓地についたら、まずはまわりの掃除をする。雑草が生えていたら抜き、墓石に水をかけて洗ったりする。

花や供物を供えるのは掃除のおわったあとにする。ろうそくに火を灯し、線香を焚《た》く。複数で訪れたときは、故人と縁の深い順にひとりずつお参りをする。お参りするときはまず柄杓で墓石に水をかける。本来、仏教にはお墓はないので、墓石に水をかける行為は、仏教上の作法ではない。水で浄《きよ》める、墓石をきれいにすることが供養になる、水で故人の生前の罪を水で洗い流すなどの諸説がある。次に墓前にしゃがみ、墓石よりも身を低くして合掌する。

故人が好きだったからと、墓石に酒やビールを直接かける人があるが、墓石が痛むので注意が必要だ。また、墓前に供えた食べ物は、そのままにせず、お参りのあとで持ち帰るのが礼儀である。

●法要と卒塔婆《そとば》供養

人が亡くなった一年目に行なう法要を一回忌という。亡くなった翌々年が三回忌、七年目が七回忌、その後も十三回忌、十七回忌、二十三回忌、二十七回忌、三十三回忌、三十七回忌、五十回忌とあり、それ以後は五十年目ごと百回忌、百五十回忌、二百回忌と営まれる。

なぜ、これほど多くの法要があるのか。じつは、もともと仏教では、これほど多くの法要は行わなかった。つまり、本来の仏教の法要は、四十九日の間、七日ごとの追善供養があっただけであった。この間、死者の魂は冥土《めいど》を旅していると考えられていたからである。

一回忌、三回忌というのは、中国の儒教《じゅきょう》の教えの影響といわれる。七回忌の七という数字は、仏教の七七日（四十九日）の考えに由来するといわれる。七回忌の次が七年後の一三回忌なのも同様である。次の七年後の一九回忌がないのは、九という数字が「苦」に通じるためで、代わりに一七回忌となった。次も七年後の二三回忌があり、二九回忌の代わりに二七回忌を行う。現在の日本で行われているこれらの法要は、日本独特のものである。

年忌法要は、故人をしのんで冥福を祈り、故人に対し、遺族が現在の無事を報告するためのものである。法要の案内通知が届いたら、早めに返事を出すことだ。会場や引き出物の準備があるからである。

一回忌の法要には、できるだけ出席する。親の法要には、自分の配偶者や子どもなど家族全員で出るべきだろう。

供養のために立てる、上部が塔の形をした細長い板を卒塔婆といい、法要のときに卒塔婆をあげることを「卒塔婆供養」という。

もとは、釈迦《しゃか》が入滅したときに遺骨をわけて、塔を建てて納めたことに由来する。この塔をサンスクリット語で「ストゥーバ」といい、「卒塔婆」は漢字を当てたものである。

卒塔婆は三重塔、五重塔の形をしている。

この卒塔婆供養をするときは、法要の施主に伝え、施主が菩提寺に卒塔婆の用意を依頼する。卒塔婆には、経文と戒名《かいみょう》を記し、施主の氏名も入れる。卒塔婆は、法要のあとのお墓参りのときに卒塔婆立てに立てる。なお、浄土真宗《じょうどしん》では、卒塔婆供養はしない。

法要のときの服装は、四十九日の法要までは喪服を着る。それ以後は、喪服でなくてもよいが、華美なものは避けるのが無難。男性はダークスーツ、女性は地味目のワンピースかスーツがよいとされているが、杓子定規に考えることもないという意見も多い。

いま喪服といえば黒が一般的だが、これは西洋から入った考えで、意外にも定着したのは戦後に入ってからである。それまでは、日本の喪の色は白だった。死者の死装束と同じ色をまとうことで、喪中であることを示す一方、浄《きよ》めの意味もあったのだろう。地方によっては、今でも喪主が白い喪服を着ることがある。

●死後の世界

仏教では、私たちは死ぬと、現世と来世のあいだにある中陰《ちゅういん》の世界を旅するという。

中陰とは冥土《めいど》のことである。この旅の途中、七日間ごと七回の裁きを受ける。つまり四十九日が終わるまで、死者は天国でも地獄でもない世界をさまようのである。

死出の旅のはじまりは山道である。死者はひたすら山道を歩く。そして七日目にたどり着く裁きの場で、不殺生《せっしょう》、不偸盗《ちゅうとう》、不邪淫《じゃいん》、不妄語《もうご》、不飲酒《おんじゅ》という五つの戒めを守ったかどうかを問われるのだという。

その先に三途《さんず》の川がある。川はとうとうと流れている。

この三途の川を、善人は橋を使って渡ることができる。そして悪人は橋を使えず、浅瀬を渡って行く。だが極悪人は、濁流を渡らなければならない。

室町期になると、この川に渡し舟が登場する。渡し賃は六文。そのため、かつては棺桶に六文を入れる習わしがあった。今は六文銭と書いた紙を入れたりする。

ところで、三途の川のほとりが賽《さい》の河原である。ここには、死んだ子どもたちが取り残されるという。親より先に死んだ子どもは親不孝者で、その罪の重さから三途の川を渡ることが許されないのだ。子どもたちが河原の石を積み上げて塔を作るのは、悔いる気持ちがそうさせるのだという。しかし塔ができあがると、冥土の鬼がやってきて塔を壊す。子どもたちは泣きながら、また塔を作る。また壊される……。賽の河原で苦労している子を思い、子を亡くした親は河原でひっそりと小石を積んで塔づくりをする。

この悲しみから子どもたちを救うのが、お地蔵さんであるという。

さて、三途の川を渡って向こう岸に着くと、そこに待っている老婆に衣服をはぎ取られる。その衣服を、老爺が木の枝にかけて重さを量る。死者が身につけていた衣服の重さは、生前の罪の重さだという。

このように死者は何度も裁かれ、四十九日目に、地獄道、餓鬼《がき》道、畜生《ちくしょう》道、修羅《しゅら》道、人道、天道の六つのどこへ生まれ変わるかが決められる。これが六道輪廻《りくどうりんね》と呼ばれる世界で、このなかで何度も生まれ変わりながら人は修行を積むのだという。

この輪廻から抜け出た者がたどり着くところが、美しい極楽浄土なのである。なお、六道輪廻の天道と極楽浄土はちがう。一度、極楽浄土にたどり着いたものは二度と輪廻に落ちることはない。しかし天道は、いつ輪廻で地獄道に落ちるかも知れないという不安から自由にはなれない。天道とは、神々の住む領域をいうのだが、人道（人間世界）よりすぐれている程度なのである。

第五章　古社寺を歩く

祈りと御利益《ごりやく》

科学のさらなる発展が期待される二十一世紀も、信仰心の有無や深浅に関係なく、人々が神社やお寺にお参りする光景はなくならないだろう。

未だ人智の及ばないものもあるし、また人々は科学や富や自由を手に入れたものの、いっそう不安や悩みを抱えるようになったからだ。今、宗教ルネッサンスといわれるほど、宗教に対する関心は高まっている。

だが、ほとんどの人の場合、お参りの主な目的は御利益である。

「苦しいときの神仏頼み」

たとえ信仰心に篤くなくても、心を専一にしてする祈願という行為そのものに心の平安や、さわやかな気分の高まりが得られるなら、やはり神仏あっての祈りである。

さて、御利益を求めてする祈願だが、その中身によって神や仏を選んでいるだろうか。

つまり、神や仏にもそれぞれの得意分野というものがあるので、「縁結び」の神社で「厄除」の祈願をするようなことは避けたいということだ。

また、祈願のハシゴ——つまりあちらの神社とこちらのお寺と、御利益を求めてお願いしてまわるのも、避けるべきだろう。

もちろん、ハシゴをすることがまるっきりないというわけではない。滋賀県の多賀《たが》町にある多賀大社は、「縁結び、延命・長寿」の神社だ。この地域では、こんな民謡がうたわれている。

「お伊勢《いせ》参らば、多賀へ参れ、お多賀お伊勢の親じゃもの」

多賀大社に祭られているのはイザナギとイザナミの夫婦神で、伊勢神宮《じんぐう》はその御子神・天照大神《あまてらすおおみかみ》を祭っている。

つまり「お伊勢参り」だけですますと、それは片参りになる。生みの親のいる多賀大社にもお参りしてこそ祈願は叶えられるというのである。

いずれにしても、祈願は神仏の気持ちにかなった方法ですべきである。

しかしながら実際は、「一神仏一御利益」というのは少ない。御利益の幅が広く、いくつも重なっている場合が多い。

ただ、それぞれの祈願に合った神仏、御利益のある社寺、というのはあって、ここではその一部を紹介することにする。

無病息災・延命長寿

●金刀比羅宮《ことひらぐう》（東京都港区）

金刀比羅宮の総本社は、森の石松が清水の次郎長の名代で参詣に行った香川県の琴平《ことひら》にある。ここの神の分霊を、江戸時代に迎えて祭っている。つまり一章で述べた「勧請《かんじょう》型神社」である。もともとは航海安全・家内安全・商売繁昌が有名だが、近ごろは禁酒禁煙を祈願すれば叶えてくれるといわれ、その結果が延命長寿というわけである。

●題経寺《だいきょう》（柴又帝釈天《しばまたたいしゃくてん》／東京都葛飾区）

帝釈天は仏法の守護神で、また十二天のひとつで東方の守護神でもある。インド神話に出てくる神が仏教に取り入れられたものだ。ここの本尊は、仏像ではなく板仏《いたぼとけ》である。つまり、仏像の形に切り取った板に彩画されたものだ。古くから延命長寿・商売繁昌で知られている。全国的に有名になったのは、『男はつらいよ』の「寅さん」で、である。

●牛島神社《うしじま》（東京都墨田区）

古くは隅田川一帯の鎮守《ちんじゅ》さまだったようだ。主神は須佐之男命《すさのおのみこと》なのだが、垂迹《すいじゃく》神らしく、ということは仏の仮の姿ということか。境内に撫《な》で牛がおかれてあり、撫でることで病除け、健康祈願が叶うといわれる。ちなみに仏や菩薩《ぼさつ》が人々の御利益のために仮に牛の形となって現れたものを牛仏というが、撫で牛もそうかもしれない。

●笹野観音堂《ささのかんのん》（山形県米沢市）

有名なのは一月十七日の十七堂祭りで、無病息災、開運厄除を祈念して火渡りの荒行が行なわれる。また同時に、花市と呼ばれる名物の市もたつ。笹野一刀彫りといわれる信仰玩具がいろいろ売られ、祈願に合ったものを参詣客は購入して、加護のしるしとする。

●医王寺《いおうじ》（福島県福島市）

ここは九世紀の初め頃に、密教《みっきょう》を広めた空海《くうかい》すなわち弘法大師《こうぼうだいし》が開いたといわれ、昔から病気平癒の祈願で知られている。祭られているのは薬師如来《やくしにょらい》で、もともと衆生《しゅじょう》の病苦を救い、痼疾《こしつ》を癒すといわれる如来である。かつては境内にある墓石を削って飲むとよいといわれたこともあって、今は原型をとどめていない。

●来宮《きのみや》神社（静岡県熱海市）

七月半ばに行なわれる「焦がし祭り」は有名だ。神輿《みこし》についていて歩く行列のなかの猿田彦《さるたひこ》神が麦焦がしを撒き、それが体につくと病気にならないといわれる。また山車《だし》もでて、鹿島《かしま》踊りが奉納される。この踊りは郷土芸能的なもので、その年の豊凶・吉凶について、鹿島大明神の神託と称して春ごとに触れ回った人がいたのだが、そこから付けられたようだ。

なお、ここの来宮明神（大国主命《おおくにぬしのみこと》・五十猛命《いそたけるのみこと》・日本武尊《やまとたけるのみこと》）は酒嫌いの神でもあることをお忘れなく。

●桃太郎《ももたろう》神社（愛知県犬山市）

遊園地のなかにある珍しい神社だ。もとは桃山にあったのだが移されたそうである。ここ犬山市の栗栖《くるす》一帯は桃太郎伝説発祥の地であるのだが、神社に祭られているのも桃の実の神霊だ。というのも、イザナギが黄泉《よみ》の国で化け物に追われたとき、桃の実を投げ付けて難を逃れたところから、桃には悪霊や疫病神を祓《はら》う力があると考えられたからだ。

●下鴨神社《しもがも》（京都市左京区）

毎年土用の丑の日に、付属の井上社で無病息災、厄除、さらに安産の御利益があるという足つけ神事がある。これは御手洗《みたらい》祭といわれ、この日、今はもう涸れてしまっている泉に水を引き、足をひたすのである。古くから信じられている健康祈願の方法だが、由来は禊《みそぎ》にあるようで、ケガレを祓うことから始められたようだ。

●久米寺《くめでら》（奈良県橿原《かしはら》市）

先の医王寺で述べたように、ここも本尊が薬師如来であるため古くから病苦を救い、痼疾を癒す御利益があると信じられている。一説には聖徳太子《しょうとくたいし》の弟が、日本最初の女帝・推古《すいこ》天皇の眼病の平癒を願って建立されたともいわれるだけあって、無病息災や病気治癒の祈願がもっぱらのようだ。

●都農《つの》神社（宮崎県児湯《こゆ》郡）

この一帯は神話の地にふさわしい雰囲気があるといわれる。祭られている神も大国主命だ。古くは疱瘡《ほうそう》と傷病に効験があると信じられていたというが、現在は無病息災や家内安全の祈願で訪れる参詣客が多い。また、五穀豊穣を願う人々も多い。

縁結び・縁切り

●密厳院《みつごんいん》／お七《しち》地蔵（東京都大田区）

お七とは、浄瑠璃や歌舞伎の題材となった八百屋お七のことだ。彼女は江戸の大火で焼け出され、いっとき避難した寺の小姓と情を通じ、恋慕のあまり火事になれば会えるものと放火して捕えられ、一六八三年に鈴ヶ森で処刑された。その二年後、菩提《ぼだい》を弔《とむら》うため密厳院に建立されたのが、この地蔵だ。参詣すれば、お七が想う人と結ばせてくれると人々に語り継がれ、今日にいたっている。ちなみに事件後、「お七風邪」という流行性感冒が江戸を席巻したという。

●夫婦木《めおとぎ》神社（東京都新宿区）

この神社は、先に述べた港区にある金刀比羅宮《ことひらぐう》と同じ「勧請《かんじょう》型」だ。つまり山梨県の甲府にある夫婦木神社の夫婦神、イザナギとイザナミの分霊を祭っている。その夫婦神が宿る樹木（御神体）があって、これにふれながら祈願することで縁は結ばれる。また夫婦和合によって子も授かれるといわれる。

●田宮稲荷《たみやいなり》（東京都新宿区）

ここは縁切り、悪縁絶ちの稲荷だ。『東海道四谷怪談』のお岩さんは物語では「民谷」とされているが、彼女は田宮家に実在の娘である。ここには、その霊と代々の屋敷神を祭っている長照山陽運寺《よううんじ》と、田宮稲荷とがある。稲荷にはお岩の霊と、それに彼女が信奉していた豊宇気毘売神《とようけひめのかみ》が祭られている。参詣に女性が多いのは悪夫に殺されたお岩さんゆえという。

●久伊豆《ひさいず》神社（埼玉県越谷市）

ここの狛犬《こまいぬ》の足にはヒモがくくりつけられている。これは「足留め」というおまじないで、もろもろの事情で家を顧みない夫や子どもとの絆を取り戻したいという願いがこめられている。縁結びや家内安全を祈願したのち、ヒモをくくりつける。

●立石寺《りっしゃくじ》（山形県山形市）

山形市山寺という地名からか、俗に山寺ともいい、つとに有名だ。古くから悪縁切りの参詣客でにぎわいをみせている。厄除、災難除けの霊験もあらたかだという。八六〇年に開かれた、天台宗《てんだい》の古い寺である。

●白山《はくさん》神社（新潟県新潟市）

縁結びのほか、子授けや安産の御利益《ごりやく》で古くから名高い神社だ。ここに祭られている主神は、女神・白山比咩神《ひめのかみ》（菊理媛命《くくりひめのみこと》）で、イザナギ・イザナミの二神もそえられている。ここもそうなのだが、各地の白山神社は、石川県石川郡の白山比咩神社の神様を招いて迎えた「勧請型」神社で、とくに縁結びに効験がある。

●長谷寺《はせでら》／飯山《いいやま》観音（神奈川県厚木市）

長谷寺の本尊は十一面観世音菩薩《かんぜおんぼさつ》で、人々の災難を取り除き、福を授けるために十一の顔を持つといわれる観音だ。ゆえに縁結びの観音として昔から参詣客が絶えない。境内は桜の木が多く花見時期もにぎわうのだが、見合いの松という松の木があって、この下で相手を待ってお見合いをすれば、話はまとまるという。なぜ桜の木でなく、松の木なのか。「松」は「待つ」に通じるからだともいわれる。

●伊豆山《いずさん》神社（静岡県熱海市）

一一九二年、鎌倉幕府を開いた源　頼朝《みなもとのよりとも》がこのうえなく崇敬し、二所権現《ごんげん》と呼んだ一つだ（もう一つは箱根神社）。頼朝はこの境内で、のちに妻となる北条　政子《ほうじょうまさこ》と逢瀬を楽しんだということから、縁結びの御利益が信じられたようだが、もともとここに祭られているのはイザナギ・イザナミの夫婦神なのである。境内には梛《なぎ》の木があって、祈願のあとにその一葉を身につけていれば、霊験はあらたかだといわれる。

●地主《じしゅ》神社（京都市東山区）

「清水《きよみず》の舞台から…」とはよく聞く言葉だが、この神社はその清水寺の鎮守《ちんじゅ》社である。神仏習合・本地垂迹《ほんじすいじゃく》となるうち、お寺を守護する神社ができたのである。ここの主神は大国主命《おおくにぬしのみこと》で、ほかに四神が祭られているが、みな家族である。そんなところから縁結びの神社となったようだ。本殿の前に対の石（めくら石）が置かれてあり、目を閉じて一方から他方へきちんと歩き着ければ、願いが叶うといわれる。

●地蔵院《じぞういん》／首振《くびふり》地蔵（京都市東山区）

地蔵院の首振地蔵は、その頭部が振れるところから名付けられたという。なぜ縁結びかというと、地蔵の首を好きな人のいる方向へ向けて祈願すれば、叶うからだ。昔はよく、祇園の芸妓たちがきそって祈願しにきたという。

●瑞光寺《ずいこうじ》／元政庵《げんせいあん》（京都市伏見区）

縁切り祈願で名高い寺である。ここは日蓮《にちれん》宗の名僧といわれた元政上人が江戸時代の半ばごろ庵を結んだところで、死後に寺が建てられたという。ちょっと離れたところに竹が三本植わっているが、そこが上人の墓標だといわれる。絶縁絶交をしたい相手がいる場合、二十一日間、その墓標にお参りする。そのたび墓標の回りを歩いて祈願し、最終日に竹の葉を一葉もらってきて相手の男の衣類の襟に縫い付ける。これで、きれいさっぱり縁が切れるという。

●橋姫《はしひめ》神社（京都市宇治《うじ》市）

京都の宇治《うじ》橋を護るのは、瀬織津姫《せおりつひめ》という女神だ。橋姫とも呼ばれ、嫉妬の神、縁切りの神として祭っているのがこの神社である。ほかに海の神である住吉明神《すみよしみょうじん》も祭られているが、宇治川の舟運を護るためだ。神社といっても鳥居と小さな祠《ほこら》があるだけだが、知る人ぞ知る縁切り、悪縁断絶の祠である。

●水間寺《すいげんじ》（大阪府貝塚市）

この寺は観世音菩薩を本尊としている。この菩薩を心に念じれば、人々はいかなる災厄も除去でき、また人々の能力と仏との関係に応じて現れ、救済してくれるという観音さまである。縁結びはもちろん、厄除にも効験がある。また、堂には愛染明王《あいぜんみょうおう》が祭られているのだが、愛染明王といえば、愛欲煩悩がそのまま悟りであることを表わす明王で、のちに恋愛成就の御利益があると信仰されるようになった明王だ。それゆえ参詣のさい、縁結びの橋といわれる「愛染橋」を渡るのが習わしである。

●道成寺《どうじょうじ》（和歌山県日高郡）

美しい僧・安珍《あんちん》に執着した清姫《きよひめ》は、彼が隠れた寺の鐘に大蛇となって巻き付き、ついに焼き殺してしまう――この歌舞伎の舞台となったのがこの寺で、本尊は千手観音《せんじゅかんのん》である。千の慈手《じしゅ》・慈眼《じがん》をもって苦界にある人々を救い出し、理想の境地に行かせてくれるという観音だ。古くから縁結びや良縁成就、夫婦円満の御利益で知られている。清姫の情念の激しさが背景にあるのだろう。毎年四月の下旬に行なわれる鐘供養大会式も有名である。

●八重垣《やえがき》神社（島根県松江市）

ここに祭られているのは、神話にでてくる夫婦神だ。境内にある杉の木は夫婦《めおと》杉と呼ばれ、池は鏡ノ池という。この杉の木の皮を身につけていると、良縁にめぐりあうといわれる。また、池は縁結びの池ともいわれ、紙片に硬貨をのせて水面に浮かべ、その沈む速さで良縁にめぐまれる時期の早い遅いを占う。このあたりでは、心よせる人の名前を樹木や竹に記し、縁結びを願う風習もあった。古くから縁結びの神として信仰されてきたのも、出雲《いずも》神話があったからだろうといわれる。

●阿蘇《あそ》神社（熊本県阿蘇郡）

十世紀初めにはすでにあって、肥後《ひご》一帯を鎮守する社として信仰を集めていた。ここの宮居（神の鎮座するところ）は十二もあり、その中心の一の宮には、健磐龍命《たけいわたつのみこと》が祭られている。阿蘇の三神といえば、この一の宮の神と、二の宮の阿蘇都姫神《あそつひめのかみ》、十一の宮の速瓶玉命《はやみかたまのみこと》だという。古くから縁結び、厄除、五穀豊穣が祈願され、今日に至っている。

家内安全・夫婦円満

●大国魂《おおくにたま》神社（東京都府中市）

六所明神、六所宮とも呼ばれるように、武蔵国六所の神々六神を祭る、地域一帯の総鎮《ちん》守《じゅ》だ。古くから家内安全・家業繁栄・夫婦円満が祈願され、人々の信仰も篤い。五月五日、午後四時頃の花火でスタートする暗闇祭りは古くから伝わる神事で、三百人でかつぐ大神《み》輿《こし》がでて夜の九時ごろまで練り歩く。また、七月二十日のすもも祭りも有名で、これは戦勝祈願成就のお礼参りのさい、源頼義がすももと粟飯を奉納したことが起こりだという。厄除の烏団扇《からすうちわ》などがもらえる。

●有喜寺《ゆうきじ》（高尾山薬王院《たかおさんやくおういん》／東京都八王子市）

ここは都心から近く自然にも恵まれているが奈良時代から続く古刹《こさつ》で、成田山、川崎大師と並ぶ関東三山の一つだ。本堂には仏が日本の神として現れたという飯縄大権現《いづなだいごんげん》を、奥の院には不動明王《ふどうみょうおう》を祭るという神仏習合・本地垂迹《ほんじすいじゃく》時代の名残がある。

山岳信仰の霊場としての特色をもち、多くの人々が家内安全・無病息災・厄除・商売繁昌と幅広く御利益を求めて、信仰の対象としている。三月半ばに行なわれる火渡り祭りも人気を集めている。また、一般の人でも滝に打たれる修行を希望するなら、申し込むことで可能だ。

●月山神社《がっさんじんじゃ》（出羽三山神社／山形県東田川郡）

東北最大の修験道の山・月山は羽黒山《はぐろさん》、湯殿山《ゆどのさん》とともに出羽三山を形づくっている。月山神社に祭られている神は、月読命《つくよみのみこと》という。月読とは、月齢を読むという意味だ。三山の神を合祀するのが羽黒山神社である。三山の霊験は古来、広く知れ渡り、家内安全、無病息災、五穀豊穣、家業繁昌の御利益を求める人々の信仰を集めている。今でも白装束の行者たちが、「あやに、あやに、奇《くす》しく尊《たっ》と三山の神の御前を〜」と唱えながら頂上へ登る姿を見ることができる。「あやに、あやに」とは神に対する尊敬の念をこめた言葉であり、何段にも折り重なってという意味がある。「奇しく尊と」とは、人知でははかりしれないほど尊いという意味である。年末の松例祭、八月末の八朔祭《はっさくまつり》、そして七月十五日の花祭りは三神社の神輿を先導する花梵天《ぼんてん》という大きな造花の飾りものから花を奪い合うという行事で、手にできた花は家内安全・疫病除去などの護符として御利益があるという。

●典厩寺《てんきゅうじ》（長野県長野市）

十六世紀の半ば、武田信玄《たけだしんげん》と上杉謙信《うえすぎけんしん》が戦った川中島合戦。その戦で戦死した信玄の弟・典厩信繁《てんきゅうのぶしげ》と武士たちを弔うために建立された寺だが、祭られている本尊は大聖歓喜自在天《だいしょうかんきじざいてん》。略して聖天《しょうてん》ともいう。もともとはガネーシャというヒンズー教の神なのだが仏教の護法神となり、事業の成功を祈るため祭られた。像の形は象頭人身で男の単身像と、抱き合う男女双身像がある。そのため御利益も家内安全、夫婦和合、縁結び、それに商売繁昌などと幅広く、また閻魔《えんま》堂に祭られた不動明王は火難除けの御利益があることも知られている。

●浄裕寺《じょうゆうじ》／日限《ひぎり》地蔵（静岡県静岡市）

ここに祭られている本尊は地蔵菩薩だが、日を限って祈願をすれば願いごとが叶うといわれ、日限地蔵という。ほかに大黒天《だいこくてん》、鬼子母神《きしぼじん》も祭られているので招福開運、安産、子授かりなどに加えて、家内安全、厄除、縁結びなどの御利益を求める人々の信仰を集めている。

●田縣《たがた》神社（愛知県小牧市）

昔から、五穀豊穣、夫婦和合、子宝、子孫繁栄、商売繁昌の御利益を信じてお参りする人々で賑わっている。人の生殖器の模型を神体として信仰する習わしは日本各地にあるが、ここもその伝統がある。五穀の実りを生殖に結びつけて考えていたからだ。三月十五日には「へのこ祭り」という豊年祭があって、木製の大きな男性性器がお出ましする、奇祭で知られている。祈願するさい、犬山市にある大縣《おおあがた》神社と一緒にお参りするのが効果的といわれる。なぜなら、大縣神社では同じ日「おそそ祭り」という豊年祭が行なわれるので、両社の祭儀は陰陽一対とされているからだ。

●千本釈迦堂《せんぼんしゃかどう》（大報恩寺《だいほうおんじ》／京都府上京区）

ここで催される節分は「おかめ節分」といって、お多福の面をかぶった男女が豆をまくことで知られている。これには謂れがある。十三世紀の本堂造営のさい、棟梁が寸法を間違え、死を覚悟していたところ、その女房・阿亀《おかめ》が、本尊である釈迦如来《しゃかにょらい》に必死の祈願を行なって難を逃れたというのである。このことから人々のあいだで、夫婦円満、子孫繁栄の御利益を求める信仰が盛んになったという。厄除祈願をする人も多い。

●山崎聖天《やまざきしょうてん》（観音寺／京都府乙訓郡《おとくに》）

関西で「聖天さん」といえば、奈良県の生駒《いこま》聖天かここをさす。夫婦円満、無病息災、商売繁昌、厄除などで、古くから人々に親しまれ頼りにされている。祭られている本尊は十一面観世音菩薩《かんぜおんぼさつ》で、寺の名も観音寺なのだが、聖天堂に祭られている大聖歓喜自在天（聖天）のほうが有名だ。夫婦和合・円満を求める人々の信仰を集めている。

●日前国懸神宮《ひのくまくにかかす》（和歌山県和歌山市）

ここには二つの社殿があり、一つは日前《ひのくま》神宮といい、日前大神が宿るという日像《ひかた》の鏡を神体として祭っている。日像の鏡とは、太陽の形をした鏡のことだ。もう一つが国縣《くにかかす》神宮といい、国縣大神が宿るという日矛《ひぼこ》を神体として祭っている。日矛とは太陽の形をした矛のようだ。ともに非常に古くから人々の信仰の対象になってきた神社で、家内安全、家業繁栄、無病息災の御利益を求める参詣が盛んだ。

●林下寺《りんかじ》／お花権現《はなごんげん》（徳島県三好郡）

ここは夫婦和合、子宝、安産、縁結びなど、とくに女性に御利益があるといわれている。というのは、ここに祭られているお花権現というのは、お花という女性だからだ。言い伝えによると、正室の激しい嫉妬から惨殺された側室のお花が、怨霊となって現れ祟ったため、ある僧がここの観音堂にお花の霊を移し、権現として祭って鎮めたという。一章で述べた御霊《ごりょう》信仰の流れだろう。権現とは、仏が化身して日本の神として現れること（本地垂迹）だ。お花権現はいつしか性の守護神とされたせいか、神前には大小の男根が供えられていて、人気がある。八月十六日はお花の命日で、この日は大法要が行なわれるため参詣客でもっとも賑わうという。

安産・子宝

●法明寺《ほうみょうじ》／鬼子母神《きしぼじん》（東京都豊島区）

ここに祭られている鬼子母神像には、毎晩、降ってくる星に驚き怪しんで、よくよく探してみると、鬼子母神像が発見されたという話が伝わっている。鬼子母神は夜叉《やしゃ》神の娘で千人の子を生んだが、他人の子を奪って食べたため、釈迦《しゃか》が彼女の最愛の末っ子を隠し、子を失った親の悲しみを味わわせて戒めたという。ちなみに夜叉神というのは、インド神話にでてくる森の神霊のことで、人を害する鬼神の反面、財宝神としても信仰された。

さて釈迦に戒められて以後、彼女は仏法の護法《ごほう》神となり、安産、育児、子授けの御利益《ごりやく》のある神として信仰を集めるようになった。その像は一児をふところに抱き、吉祥果《ざくろ》をもつ天女形と、鬼女の形のものがある。すすきの穂でみみずくの姿を作り、すすきに吊るした郷土玩具「すすきみみずく」は江戸時代から有名で、参詣客の人気を集めている。

この鬼子母神を祭る寺は各地にあるが、東京ではこの雑司ヶ谷《ぞうしがや》と、朝顔市で有名な入谷鬼子母神がとくに知られている。

●水天宮《すいてんぐう》（東京都中央区）

もともとは福岡県の久留米《くるめ》市に鎮座する水天宮が本社で、筑後川の水神が祭られ、のち壇ノ浦で滅亡した平家一門の御霊を祭るようになったという。

東京日本橋にあるこの水天宮は、一八一八年に久留米藩主・有馬頼徳《ありまよりとく》が江戸の藩邸内に新しく社殿を建てて久留米から分霊して迎え入れ（つまり勧請《かんじょう》し）、のち明治五年に現在地に移されたものだ。江戸庶民から篤く信仰され、安産、子育て、除災、水難除けの霊験あらたかな神として親しまれ今日に至っている。戌《いぬ》の日に安産祈願をし、護符と腹帯をもらうのが習わしだ。戌の日を選ぶのは、犬はお産が軽く多産だからである。

●音無《おとなし》神社（静岡県伊東市）

ここには神話にでてくる海神・豊玉彦《とよたまひこ》神の娘、豊玉姫命《とよたまひめのみこと》が祭られている。彼女は彦《ひこ》火火出見命《ほほでのみのみこと》と結ばれるが、鵜《う》の羽で葺《ふ》いた産屋《うぶや》の屋根が葺き終わらないうちに産気づき、出産する。そしてその姿、八尋鮫《やひろさめ》の姿になっているのを夫にのぞき見られ、恥じ怒って海へ去ったといわれる。そのお産がとても軽かったことから、昔から安産の神として信仰されている。

参詣のさい、この柄杓のように滞りなく、するりと胎児が出てくるように、また後産などが腹の中に残らぬようにと、底の抜けた柄杓を拝殿の長押《なげし》に奉納するのが習わしという。

豊玉姫命は出産のとき、見ないでほしいといったといわれ、その故事にちなんで「闇の祭事」といわれる有名な「尻つまみ祭り」があった。境内の明かりをすべて消し、無言でお神酒を回し飲みするのだが、会話は禁止なので手渡す合図に次の人のお尻をつまむ。当然、男たちは面白がる。ところが祭神が女神ということもあってお参りには女性が多く、今は尻相撲になってしまったという。

●善名寺《ぜんみょうじ》（静岡県湯ガ島）

ここの本尊は薬師如来《やくしにょらい》で、七二四年に行基《ぎょうき》が開山したと伝えられている。行基といえば、奈良時代の僧で、禁止されていたにもかかわらず諸国をめぐって民衆教化をしたり、造寺や社会事業も行ない行基菩薩《ぼさつ》といわれた人物だ。現在のお堂は二十世紀初めに再建されたものだという。

かつてこの寺を建てたときに温泉が湧き出て、それが伊豆最古の温泉、吉奈温泉だといわれる。徳川家康の側室・お万《まん》の方はここで湯治をしてすぐに身籠ったことから、昔から子宝の湯として有名だ。もちろん湯ばかりでなく、薬師如来のおかげもある。だから安産や子宝に恵まれたい人は善名寺を参詣してからここの温泉に入るというのが順序のようだ。

●梅宮大社《うめのみやたいしゃ》（京都市右京区）

ここは古くから、かきつばたの名所としても知られる。五月の開花時分には見事な景観が楽しめる。境内には、天保年間に建てられた「日本第一酒造祖神」と刻まれた石標が立っている。また、桂川を隔てて西側には酒造の守護神が祭られている松尾大社がある。二つとも、拝殿には菰《こも》被りの酒樽が積まれている。

梅宮大社に祭られているのは、酒解神《さかとけのかみ》、大若子神《おおわくこのかみ》、小若子神《こわくこのかみ》、酒解子神《さかとけこのかみ》の四神だ。

このように酒の守護神なのだが、また子授け、安産、子育ての神さまとしても知られ、参詣が盛んだ。なぜ、そうなったのか。こういう神話がある。酒解神の子、酒解子神が懐妊すると、一夜の交わりで孕《はら》むなど考えられない、自分の子ではないのではと、夫の大若子神に疑われる。身の証をたてるため、妻は戸のない産屋を作って火をつけ、燃え盛る炎のなかで三人の神々を安産してみせる。

また、平安時代の初期、嵯峨《さが》天皇の子にめぐまれない皇后が、ここの大社に祈願したところ、懐妊・安産にめぐまれたという話もある。皇后は白砂を産床《うぶどこ》の下に敷いたということから、今日でも大社から産砂と呼ばれる白砂を得て、襟や帯にはさんだり、産床の下に敷けば、子宝や安産、子育ての成就がなると信じられている。境内には「跨《また》げ石」というのもあり、これを跨ぐことによって安産が叶うともいわれている。梅宮祭りは毎年、四月三日に行なわれる。

●飛鳥坐《あすかにます》神社（奈良県高市郡）

神の鎮座する山や森を神奈備《かむなび》（あるいは神南備）というが、この神社は古くから鳥形山にあって、九世紀の初め頃に現在地に遷るまで雷丘にあったといわれる。

ここの境内には石造りの男根が立ち並んでいる。かつて五穀の実りが性と結びつけられて信仰されていた証しといわれる。二月にある「御田遊び」という神事は、いってみれば五穀豊穣の前祝いだ。猿田彦命を表わす赤天狗《あかてんぐ》と、天鈿女命《あまのうずめのみこと》を表わすお多福《たふく》が、祝言と初夜の床入りをおおらかに演じる。無事にすますと、懐紙が参詣人に向かって撒かれるのだが、これはふくのかみといわれて、縁結びの御利益があるという。

●法華寺《ほっけじ》（奈良県奈良市）

ここが女性のさまざまな祈願成就の寺といえるのは、尼寺だからだ。本尊は、光明皇《こうみょう》后の姿を写したと伝えられる十一面観世音菩薩である。光明皇后といえば、聖武《しょうむ》天皇の皇后で、仏教を篤く信仰し、悲田院《ひでんいん》、施薬院《せやくいん》を設けて窮民を救ったことで知られる。

昔から安産を願ってお参りする女性が多く、お守りとして彩色の施された素焼きの犬の人形が授けられる。これは光明皇后が護摩《ごま》供養のさいに出る灰を粘土にまぜ、犬形にして胡粉で色をつけ、子を孕んだ女たちに頒布したのが始まりといい、今はもちろん尼僧たちの手によって作られている。

●香園寺《こうおんじ》／子安大師《こやすだいし》（愛媛県周桑《しゅうそう》郡）

空海、すなわち真言密教の弘法大師がここを霊場としたさい、難産に苦しむ里の女性を祈禱《きとう》によって無事に出産させたという。大師は、この地を離れるとき、安産、子育て、身代わり、女人成仏の四つの誓願をしたといい、そのことから安産、子育ての子安大師として信仰を集めたようだ。ちなみに、ここは四国霊場の第六十一番札所の寺である。

●鵜戸《うど》神宮（宮崎県日南市）

この地は、音無神社で述べたように、豊玉姫命が夫に疑われながら子を産んだ場所で、日向灘《ひゅうがなだ》に突き出した鵜戸岬の突端にある岩窟だ。神殿は、崖の下の大きな洞窟内にあって、その朱塗りがじつに見事だといわれる。夫婦和合、安産、子育て、縁結び、海上守護の御利益で知られている。

また、ここにはお乳岩というのがあり、これは出産の姿を夫に見られた豊玉姫命が怒って去っていくときに残していったもので、ここからしたたるお乳水を飲めば、母乳の出がよくなるといわれ、若い女性に人気があるという。かつてはこの地方の花婿は、式のあと花嫁が乗る馬の手綱を引いて縁結びのお礼と、安産・子育ての祈願に参詣したという。

厄除・開運

●総持寺《そうじじ》／西新井大師《にしあらいだいし》（東京都足立区）

関東では厄除《やくよけ》大師としてつとに有名であり、また境内の牡丹《ぼたん》園も見事で参詣者を引きつけている。江戸時代に作られた俳句にこの牡丹がすでに詠《よ》まれているので、かなり古くから植えられていたようだ。ここは弘法大師空海《こうぼうだいしくうかい》が悪疫に悩む人々を救済するため祈禱《きとう》をし、寺を開いたといわれる。

本尊は大師自らが刻んだという十一面観世音菩薩《かんぜおんぼさつ》だが、大師堂には弘法大師が祭られている。また山門をくぐると塩地蔵があり、その足元は塩まみれ。これは願いごとをするさい塩をもらい、叶ったときには倍返しをする習わしがあるからだ。縁日は二十一日で、とくに一月、五月、九月が賑わうという。節分には願をかけただるまを焼いて供養する行事がある。

●平間寺《へいげんじ》／川崎大師（神奈川県川崎市）
かつては二十五歳の厄除は西新井大師へ、四十二歳は、ここ川崎大師へ行けといわれたが、今は厄年にかかわりなく、あらゆる厄除祈願の寺として知られる。成田山新勝寺《しんしょうじ》、高尾山薬王院《やくおういん》とともに関東三山のひとつに数えられる名刹《めいさつ》だ。初詣の人出は毎年ニュースになる。十二世紀の初め頃、平間という四十二歳の厄年にあった武士が多摩川河口で漁をしたさい、弘法大師の木像を見つけ、喜んでお堂を建てて厄除祈願をしたのが始まりだという。縁日は二十一日で、一月、五月、九月が賑わう。

●惣宗寺《そうしゅうじ》（栃木県佐野市）

ここは「佐野厄除大師」の名前で有名である。ここの大師は、弘法大師のことではない。十世紀末ごろ、天台宗の良源《りょうげん》という僧が正月三日に亡くなったため、元三大師《がんざんだいし》と呼ばれるようになるのだが、その人である。

良源は生前、厄災を祓《はら》うため夜叉と化し、その姿を鏡に映し、この像を置くところには厄神疫霊が来ることを許さないと誓ったという。そのため古くから厄除の御利益があると、人々から信仰されている。正月に「元三大師」と書かれた護符を、門口に貼る風習が残っているところもあるという。

●善光寺《ぜんこうじ》（長野県長野市）

ここは全国の善男善女を引きつけてやまない阿弥陀《あみだ》信仰の中心的な霊場といえる。阿弥陀如来を信仰する超宗派の人々によって運営されているからだ。世に言う「牛に引かれて善光寺参り」の寺で、本尊は阿弥陀如来だ。

本田善光《よしみつ》なる人物が、大坂の浪速の入り江で阿弥陀如来像を手にいれ、六四二年に当地に祭ったのが寺の始まりといわれる。寺号はその名前からとられている。本尊は七年に一度、開帳される。極楽往生《おうじょう》が約束される「戒壇《かいだん》めぐり」、念仏を唱えるだけで御利益が得られる「経蔵回し」、撫でるだけで病が回復する「おびんずるさま」など、庶民的でわかりやすいお参りで知られる。厄除、災難除け、開運、無病息災、家内安全など、御利益は尽きないほどある。

●津島《つしま》神社（愛知県津島市）

昔から厄除、災難除け、開運の御利益で知られている神社だ。主祭神は須佐之男命《すさのおのみこと》で、鎮座は西暦五四〇年と伝えられている。だが、かつては津島牛頭天王《ごずてんのう》社と称していたように、ここは牛頭天王信仰の中心的な社《やしろ》であった。牛頭天王とは、釈迦《しゃか》が弟子たちと住んだ僧坊、すなわち祇園精舎《ぎおんしょうじゃ》の守護神で、牛の頭をもつ忿怒《ふんぬ》相をしている。つまりその垂迹《すいじゃく》神が、須佐之男命というわけである。

江戸時代には、お伊勢《いせ》参りと津島参りを両方しないと、片参りになってしまうといわれていた。伊勢神宮の祭神は須佐之男命の姉・天照大神《あまてらすおおみかみ》だからだ。参詣でとくに賑わうのは、三が日と、七月下旬の津島天王祭りの日である。宵祭りの楽車船の豪華さは目を見張るほど絢爛で知られる。

●壬生寺《みぶでら》（京都市中京区）

京都の地蔵信仰の中心といわれる寺だ。もうひとつ、新選組の寺としても有名で、近藤勇や隊士の墓がある。十世紀末に開かれたときから厄除、延命祈願をする人々で賑わった。節分の日の追儺《ついな》式には明るい囃子《はやし》太鼓にのって「壬生狂言」が演じられる。

この日、お寺で素焼きの土鍋を購入して自分の名前を書いて奉納する。これは一種の禊《みそぎ》のようなもので、名前を書くことで身のケガレが土鍋に移ると考えられている。奉納された土鍋を狂言役者が次々に割っていくのだが、こうすることで厄が落ちて開運すると信じられている。

●四天王寺《してんのうじ》（大阪市天王寺区）

この寺は、聖徳太子《しょうとくたいし》が理想をそそぎこんだ日本最初の本格的仏教寺院といわれる。正式寺名を、荒陵山四天王寺という。六世紀、仏教が入ってきたさい、排仏を主張した物部《もののべ》氏と、容認した蘇我《そが》氏の対立抗争で、聖徳太子が蘇我氏側についたことは一章ですでに述べた。そのさい聖徳太子は四天王に戦勝祈願をし、寺の造営を誓ったという。こうしてできた寺なのである。

四天王とは、東西南北の四方を守る四人の護法神《ごほう》のこと。四月二十二日に行なわれる聖霊会《しょうりょうえ》では、舞楽が演じられる。春秋の彼岸会には鐘が鳴り響き、厳かで清浄な雰囲気に包まれる。厄除、無病息災、家内安全とさまざまな祈願で人々の信仰を集めている。

●紀三井寺《きみいでら》（和歌山県和歌山市）

名前からわかるように、寺の境内に吉祥水《きっしょう》・楊柳水《ようりゅう》・清浄水と呼ばれる三つの井戸がある。「紀」がつけられたのは近江大津の三井寺と区別するためだという。ここの本尊は十一面観世音菩薩《かんぜおんぼさつ》で、人々の信心を広く集めている。

厄除、商売繁昌、無病息災、家内安全、開運と、本尊の慈悲の功徳《くどく》を頼って多くの御利益が求められる。また、先祖供養、水子供養のお参りも多い。いろいろなお堂があるのだが、麓《ふもと》の楼門《ろうもん》から二百数十段の石段を登らねばならない。だが、上からの展望は見事のひとことに尽きる。

●薬王寺《やくおうじ》（徳島県海部郡）

ここは四国の人々にはよく知られている厄除の寺だ。四国霊場八十八所の第二十三番札《ふだ》所《しょ》でもある。本尊は薬師如来で、弘法大師空海が人々の厄除のためにその像を彫って安置したといわれる。寺の本堂に行くには坂を登るのだが、一段登るごとに一円玉を置いていく習わしがある。また、その坂には三十三段の女厄坂、四十二段の男厄坂、六十一段の男女厄坂がある。薬師如来はもともと人々の病苦を救い、痼疾《こしつ》を癒すといわれる如来なので、無病息災の祈願も有効である。

商売繁昌・勝利祈願

●冨岡八幡宮《とみおかはちまんぐう》（東京都江東区）

ここに祭られているのは八幡神で、源氏が崇敬した昔から「武」の神として名高い。主神は応神《おうじん》天皇だ。江戸時代、十七世紀の初め頃、長盛という僧が京都から八幡神像をうやうやしくもってかえってきて、永代島に祭ったのが始まりといわれる。以後、木場を中心に開運、商売繁昌、災難除けを願って、その御利益を求める人々の信仰を集めて今日に至っている。夏八月の中旬、三年に一度、行なわれる深川祭りは山王・神田とともに江戸三大祭りのひとつに数えられ、人々の人気を博している。

●皆中《かいちゅう》稲荷（東京都新宿区）

副都心・新宿は百人町にあるこの稲荷は、目標実現、勝負必勝、勝運開花の御利益で知られる。百人町とは、その昔、江戸の甲州口を警護するため、幕府が鉄砲同心百人組を作って住まわせていたところからついた町名だ。彼らが、近くの稲荷にお参りしてから演習をすると、打つ弾すべてが命中する。それまでは名もなき稲荷だったようで、いつしか皆中稲荷、つまり皆中《あた》る稲荷と呼ぶようになったという。

●岩木山《いわきやま》神社（青森県中津軽郡）

津軽を中心に古くから信仰されてきた神社だ。神話にでてくる現国玉命《うつしくにたまのかみ》をはじめ四神を祭っている。開運招福、無病息災、家内安全、五穀豊穣など、幅広い御利益があると信じられている。九世紀初めに創建され、今ある社殿は江戸初期に建てられたものだといわれる。山の頂きに奥宮があるが、これは山岳信仰が元にあることをうかがわせるという。

夏に行なわれる「お山参り」というのは、夜を徹して麓《ふもと》の神社から山頂の奥宮まで登り、日の出を拝んで五穀豊穣への感謝の意を表わす行事だ。

●太平山三吉神社《たいへいざんみよし》（秋田県秋田市）

秋田市の東に秀麗な姿を見せる太平山があるが、ここに三吉神社の奥宮があり、市街地には里宮もある。祭られているのは神話に登場する二人の神の荒御魂《あらみたま》だという。これは猛々しい行動によって霊験を現わすという神霊で、邪神悪霊に対峙するときの神の姿と考えられる。それゆえ災厄祓《ばら》いにとどまらず、開運、無病息災、家内安全などの御利益を求める人々に信仰されている。五穀豊穣、招福開運を願うという伝統的な祭りが毎年一月十七日に行なわれる。荒御魂にふさわしい勇壮な祭りだといわれる。

●達磨寺《だるまでら》（群馬県高崎市）

この寺の門前に立つ「だるま市」はあまりにも有名だ。この市は、毎年正月の六日〜七日にかけて行なわれる七草星祭りのときに開かれる。七草星祭りというのは、除災招福の祭りだ。本尊は禅宗の始祖といわれる達磨《だるま》、すなわち達磨大師である。大師とは諡号《しごう》、すなわち生前の行ないを尊び死後に朝廷から贈られる称号である。かれは南インドのバラモンに生まれ、のちに仏教を学び、布教のため渡った中国の少林寺で「面壁九年」の坐禅を実践した人物だ。開運のほか、子授け、安産の祈願にお参りする女性も多く、市でだるまを買ってお守りとしている。

●車折《くるまざき》神社（京都市右京区）

ここは、平安末期の儒学者・清原頼業《よりなり》を祭っている。彼は明経《みょうぎょう》博士と呼ばれた高名な学者だった。古くから願いが叶う社として人々に信仰されてきた。とくに商家にとってはありがたい神社だったようだ。また、学業向上、合格祈願も多く行なわれている。御利益の幅が広く、たくさんの人がお参りしては祈願を記した「神石」を本殿前に積んでいく。その神石は寺からもらう。祈願成就のあかつきには、お礼参りをして別の石を返納する習わしだという。

●興玉《おきたま》神社（三重県度会《わたらい》郡）

有名な夫婦岩の近くにある神社で、その二つの岩を社の門石としている。祭られているのは猿田彦大神《さるたひこのおおかみ》と、倉稲魂大神《うかのみたまのおおかみ》の二神だ。夫婦岩のあいだから昇る朝日の光景は荘厳な趣きにあふれ、祈願する人々を厳粛な境地に誘い込む。古くから開運、厄除で信仰されている。また海上の安全も含めて交通安全の祈願も盛んだ。

●朝護孫子寺《ちょうごそんしじ》（信貴山《しぎさん》／奈良県生駒郡《いこま》）

七福神の一人、毘沙門天《びしゃもんてん》が祭られている寺だ。毘沙門天は、四天王の一人で、東西南北の北方の護法神である。また、財宝を守るともいわれる。この寺が通称、信貴山と呼ばれているのは、聖徳太子《しょうとくたいし》が「信ずべき、そして貴ぶべき山」とした、その信貴山の中腹に本堂があるからのようだ。西暦五八七年（寅の年）、七月三日（寅の日）の午前四時（寅の刻）に聖徳太子はこの山で毘沙門天を感得し、それでここにお堂を建立したという。この縁日はだから、寅《とら》の日にある。開運、商売繁昌、無病息災、災い除けの御利益が信じられている。

参詣する人には福寅という張り子の「虎」のお守りが配られる。七月三日には毘沙門天王祭りが盛大に催される。関西では生駒聖天《いこましょうてん》と並ぶ信仰の盛んな寺である。

●伊予豆比古命《いよずひこのみこと》神社（愛媛県松山市）

「福」を授けてくれるという神が祭られている古い神社である。その神の名前が、そのまま神社の名前になっている。開運、成功、商売繁昌、家内安全、縁結び……あらゆる「福」を求める人々のお参りで賑わう。また、例祭日にめずらしい習わしがある。「お賽銭《さいせん》借り」といって、神社から小銭を借りてお守りにするのである。ただし、次の年のお祭りのさい、倍以上にして返すのがルールだという。

●宮地嶽《みやちだけ》神社（福岡県宗像《むなかた》郡）

いつ創建されたのか知りようのないほど古い神社だといわれる。開運、災厄除去、勝利、家内安全などの御利益があるという。九州のみならず四国、中国地方からもお参りにくるほど、信仰を集めている。それだけに初詣の人手は西日本ではトップといわれる。正月の七日間、それに九月二十二日の大祭の賑わいは群を抜くようだ。ここに祭られている主神は息長帯姫命《おきながたらしひめのみこと》、のちの神功《じんぐう》皇后で、神話に登場する女神である。この神社の境内はたいへん広大で、社殿は大きくて立派。また注連縄《しめなわ》や鈴、太鼓も大きい。出土品のほとんどが国宝に指定されたという奥の院古墳、また付近一帯の巨石古墳群からして、この地域の神域が格別のものだったことがうかがえる。

●鹿児島神宮（鹿児島県始良《あいら》郡）

海幸彦は海の魚を捕り、山幸彦は山の獣を捕る。二人は兄弟で、あるとき仕事を交換する——。この神話にでてくる山幸彦、すなわち彦火火出見命《ひこほほでのみのみこと》を祭っているのが、この神宮だ。古くから心願成就、殖産繁栄、国土発展の神として信仰されている。

鹿児島市から湾沿いに北上して、神々の里といわれる「霧島」の入口にある隼人《はやと》町、その日当山《ひなたやま》の麓に立っている。境内には山幸彦が竜宮から持ち帰ったという亀石が奉納されているという。一月七日の祭事には日本最古の舞いといわれる隼人舞いと、翁《おきな》舞いが奉納される。

●主な参考文献

『暮しの中の神さん仏さん』岩井宏實（文化出版局）
『日本の神様事典』川口謙二編著（柏書房）
『神社と神々』井上順孝（実業之日本社）
『日本の神々と社』（読売新聞社）
『宗教ものしりブック』（新人物往来社）
『仏教・キリスト教・イスラーム・神道　どこが違うか』（大法輪閣）
『神道がよくわかる本』阿部正路（ＰＨＰ研究所）
『日本宗教のすべて』瓜生　中・渋谷申博（日本文芸社）
『神社・仏寺２６０選』下山丈三（金園社）
『日本呪術全書』豊島泰国（原書房）
『仏教早わかり百科』ひろさちや監修（主婦と生活社）
『日本宗教事典』村上重良（講談社）
『名刹１０８の旅』ひろさちや（読売新聞社）
『仏教を知る辞典』菊村紀彦（東京堂出版）

青春新書
INTELLIGENCE

こころ涌き立つ「知」の冒険

いまを生きる

"青春新書"は昭和三一年に――若い日に常にあなたの心の友として、その糧となり実になる多様な知恵が、生きる指標として勇気と力になり、すぐに役立つ――をモットーに創刊された。

そして昭和三八年、新しい時代の気運の中で、新書"プレイブックス"にその役目のバトンを渡した。「人生を自由自在に活動《プレイ》する」のキャッチコピーのもと――すべてのうっ積を吹きとばし、自由闊達な活動力を培養し、勇気と自信を生み出す最も楽しいシリーズ――となった。

いまや、私たちはバブル経済崩壊後の混沌とした価値観のただ中にいる。その価値観は常に未曾有の変貌を見せ、社会は少子高齢化し、地球規模の環境問題等は解決の兆しを見せない。私たちはあらゆる不安と懐疑に対峙している。

本シリーズ"青春新書・インテリジェンス"はまさに、この時代の欲求によってプレイブックスから分化・刊行された。それは即ち、「心の中に自らの青春の輝きを失わない旺盛な知力、活力への欲求」に他ならない。応えるべきキャッチコピーは「こころ涌き立つ"知"の冒険」である。

予測のつかない時代にあって、一人ひとりの足元を照らし出すシリーズでありたいと願う。青春出版社は本年創業五〇周年を迎えた。これは一重に長年に亘る多くの読者の熱いご支持の賜物である。社員一同深く感謝し、より一層世の中に希望と勇気の明るい光を放つ書籍を出版すべく、鋭意志すものである。

平成一七年　　刊行者　小澤源太郎

読者のみなさんへ

この本をお読みになって、特に感銘をもたれたところや、ご不満のあるところなど、忌憚のないご意見を当編集部あてにお送りください。

また、わたくしどもでは、みなさんの斬新なアイディアをお聞きしたいと思っています。

「私のアイディア」を生かしたいとお思いの方は、どしどしお寄せください。これからの企画にできるだけ反映させていきたいと考えています。

なお、お寄せいただいた個人情報は編集企画のためにのみ利用させていただきます。

青春出版社　編集部

日本《にほん》の神々《かみがみ》と仏《ほとけ》

青春新書
INTELLIGENCE

2002年２月15日　第１刷
2010年12月25日　第15刷

監　修　岩井《いわい》 宏實《ひろみ》

発行者　小澤源太郎

責任編集　株式会社プライム涌光

電話　編集部　03(3203)2850

発行所　東京都新宿区若松町12番1号 〒162-0056　株式会社青春出版社

電話　営業部　03(3207)1916　振替番号　00190-7-98602

印刷・図書印刷　製本・ナショナル製本

ISBN4-413-04009-0